신사도 운동,
과연 무속신앙인가

신사도 운동, 과연 무속신앙인가

발행일	2018년 3월 14일

지은이	양 승 우		
펴낸이	손 형 국		
펴낸곳	(주)북랩		
편집인	선일영	편집	오경진, 권혁신, 최예은, 최승헌
디자인	이현수, 김민하, 한수희, 김윤주, 허지혜	제작	박기성, 황동현, 구성우, 정성배
마케팅	김회란, 박진관, 유한호		
출판등록	2004. 12. 1(제2012-000051호)		
주소	서울시 금천구 가산디지털 1로 168, 우림라이온스밸리 B동 B113, 114호		
홈페이지	www.book.co.kr		
전화번호	(02)2026-5777	팩스	(02)2026-5747

ISBN	979-11-5987-302-7 03230 (종이책)	979-11-6299-017-9 05230 (전자책)	

이 도서의 국립중앙도서관 출판예정도서목록(CIP)은 서지정보유통지원시스템 홈페이지(http://seoji.nl.go.kr)와 국가자료공동목록시스템(http://www.nl.go.kr/kolisnet)에서 이용하실 수 있습니다. (CIP제어번호 : CIP2018007580)

(주)북랩 성공출판의 파트너
북랩 홈페이지와 패밀리 사이트에서 다양한 출판 솔루션을 만나 보세요!
홈페이지 book.co.kr • **블로그** blog.naver.com/essaybook • **원고모집** book@book.co.kr

신사도 운동,
과연 무속신앙인가

종 교 위 기 의 시 대 에 상 호 선 교 를 말 하 다

양승우 지음

종교학박사가 통찰한 카리스마적 성령운동인
신사도新使徒 운동과 한국 무속신앙인 무교巫敎의
놀라운 유사성과 상호 선교 가능성

"21세기, 사도와 선지자의 터 위에 신사도적 시대가 도래했다!"
한국인의 종교적 심성과 신사도 운동의 상호 관계에 대해
통찰한 종교학박사 양승우의 기록

북랩 book Lab

머/리/말

한국인은 한국인만의 고유한 종교적 심성을 가지고 있다. 외래 종교가 한국에 수용되는 과정에서 한국인의 종교적 심성과 상호작용하면서 이 땅에 정착하여 서로를 변화시켜 왔다. 한국인들의 종교 경험에서 공통적인 것은, 이기적인 삶보다는 이타적인 삶, 분열과 대립의 삶보다는 조화와 일치를 통한 공동체적인 삶을 지향한다는 점이다. 이것이 바로 한국인의 종교적 심성의 핵심이다.

이런 한국인의 종교적 심성을 가장 잘 반영하고 있는 종교는 무교(巫教, 샤머니즘)이며, 한국인의 종교적 심성에 가장 큰 영향을 준 종교도 무교이다. 한국인들의 무교적인 성향은 한국의 각 종교들의 수용 과정에 영향을 미쳤는데, 이는 그리스도교도 예외는 아니다.

한국에서 카리스마적 성령 운동이 폭발적으로 성장한 배경에는 한국인의 종교적 심성 안에 있는 무교적 심성의 영향이 크다. 교리적인 부분에서는 구별할 수 있지만 체험적인 요소에는 유사성이 많다. 무교에 익숙한 한국인의 종교적 심성은 이미 성령 운동을 받아들일 준비가 되어 있었다.

한국 교회 안에서 신사도 운동이 확산되는 배경에는 이런 한국인의 종교적 심성의 영향이 있다. 일부에서는 신사도 운동을 그리스도교가 아니라 그리스도교의 옷을 입은 샤머니즘 현상이라고 배척하기도 한다. 하지만 지지자들은 신사도 운동이 정통 그리스도교의 성령 운동이며, 그리스도교의 개혁과 갱신을 위한 새로운 희망이라고 기대하기도 한다.

이런 상반된 평가를 받고 있는 신사도 운동에 대해서 신학과 세계관, 주요 주장 및 종교 체험 등을 전반적으로 살펴보고, 신사도 운동이 한국 그리스도교의 개혁과 갱신에 기여할 수 있을지, 그리고 현대 한국인들의 종교적·영적 요구에 대한 하나의 대안이 될 수 있을지 알아보고자 이 연구를 진행했다.

신사도 운동이 한국에 도입된 지 불과 10여 년밖에 지나지 않았기 때문에 아직까지 신사도 운동에 대한 연구는 미진한 상태이다. 또한, 지금까지 신사도 운동에 대한 연구는 대부분 신사도 운동을 반대하고 금지하기 위한 목적으로 이루어졌다. 그 때문에 객관성이 부족하고, 일부의 경우에는 오해와 편견으로 자의적인 판단을 내리기도 했다. 본 연구에서는 기존의 입장들과는 달리 중립적인 입장에서 신사도 운동을 바라보고, 긍정적인 요소와 부정적인 요소들을 함께 살펴보기로 한다.

신사도 운동의 확산 속에 한국 교회가 대응할 수 있는 방법은 세가지이다. 첫 번째 방법은 주로 개혁주의 계열에서 선택할 수 있는 방법으로, 신사도 운동을 비롯하여 모든 카리스마적 성령 운동을 거부하고 부정하는 방법이다. 두 번째는 주로 오순절 계열에서 선택할 수 있는 방법으로, 신사도 운동을 대체할 수 있는 다른 성령 운동을 새롭게 시작하는 방법이다. 마지막으로는 신사도 운동에 대해서 호응하는 사람들이 선택할 수 있는 방법으로, 지금까지 제기된 신사도 운동에 대한 여러 가지 비판들이나 부정적인 평가를 수용하여, 오해가 있는 부분은 해명하고, 신사도 운동이 보완해야 할 내용들을 추가적으로 연구하고 반영하여, 한국 교회 안에 제대로 정착할 수 있도록 하는 방법이다.

이 세 가지 방법 중에서 어느 것을 선택해야 하는지는 이 책을 읽는 독자들의 몫으로 남겨둔다.

일러두기

1. 성서 인용은 공동번역을 사용하였다.
2. '하나님', '하느님': '하나님'으로 통일하였다. 천주교에서 발행된 문서에는 '하느님'으로 표시하고 있으나, 통일성을 위해서 모두 '하나님'으로 변경했다.
3. '기독교', '그리스도교': 직접 인용을 제외하고 '그리스도교'로 하였다.
4. '무속', '샤머니즘', '무교': 주로 '무교'로 사용하였으나 필요에 따라 '무속', '샤머니즘'도 사용하였다.

차 / 례

PART 2

신사도 운동, 과연 무속신앙인가?

PART 3

현대의 선교와 한국의 종교 상황

PART 4

신사도 운동과 한국 무교의 상호 선교

PART 5

결론

PART 1

신사도 운동 개요

근래 미국에서 일어난 '신사도적 개혁 운동'(약칭 '신사도 운동', The New Apostolic Reformation Movement)에 많은 사람들이 관심을 보이고 있다. 신사도 운동을 바라보는 관점이 어떠하든, 한국에서는 대형 교회를 포함하여 많은 교회들이 신사도 운동에 직·간접적으로 영향을 받고 있다는 사실을 부정할 수는 없다. 신사도 운동에 대해서는 교단마다 상반된 입장을 보이고 있다. 어떤 교단은 신사도 운동에 대해서 금지 또는 우려를 표명하는 반면, 어떤 교단은 신사도 운동을 적극적으로 지지하고 있다.[1]

　　신사도 운동은 넓게 보면 성령 운동에 포함된다. 성령 운동은 20세기 이후의 교회사에서 매우 중요한 주제 중 하나이다. 전통적인 교회들은 성장이 정체되거나 오히려 하향세를 보이고 있는 데 반해, 성령 운동에 참여하는 교회들은 여전히 급성장을 하고 있다. 현대 성령 운동을 더 세분해서 살펴보면, 신사도 운동은 '제3의 물결' 계

---

1) 『현대종교』 편집국, 『신사도 운동 바로 알기』(서울: 월간 『현대종교』, 2016), 39쪽; 신사도 운동을 반대하는 교단 중에 몇몇 예를 살펴보면, 고신(지극히 불건전한 사상, 관련 저술탐독 금지, 강사초빙 금지, 집회참여 금지), 합신(이단성, 참여 금지), 미주한인예수교장로회 KAPC(교류 및 참여 금지) 등이 있다. 반대로 오순절 교단에서는 신사도 운동을 지지하며 수용하기도 했지만, 최근(2018년 1월)에는 기하성에서도 이단성이 농후하고 극단적인 신비주의 성향을 보인다며 교류 및 참여를 금지했다.

열에 속한다. 한국의 신사도 운동을 이해하기 위해서는 먼저 그 배경이 된 현대 성령 운동의 흐름을 살펴보고, 신사도 운동의 주창자 피터 와그너의 사상과 신사도 운동의 특징을 정리한 다음, 한국에서는 어떤 양태로 전개되고 있는지 알아볼 필요가 있다.

신사도 운동이 한국에 도입된 지 불과 10여 년밖에 지나지 않았기 때문에 아직까지 신사도 운동에 대한 연구는 미진한 상태이다. 또한, 지금까지 신사도 운동에 대한 연구는 대부분 신사도 운동을 반대하고 금지하기 위한 목적으로 이루어졌기 때문에 객관성이 부족하고, 일부의 경우에는 오해와 편견으로 자의적인 판단을 내리기도 했다. 본 연구에서는 기존의 입장들과는 달리 중립적인 입장에서 신사도 운동을 바라보고, 긍정적인 요소와 부정적인 요소들을 함께 살펴보도록 하겠다.

1
현대 성령 운동의 흐름

1) 오순절 운동

(1) 1901년 팔함의 방언 체험

오순절 운동(Pentecostal Movement)[2]의 아버지라고 할 수 있는 사람은 찰스 파함(Charles F. Parham)이다. 그는 당시의 형식주의적이고 번영과 자만에 빠져 있는 교회를 일깨우기 위해서는 성령의 능력이 필요하다고 생각했다.[3] 파함은 미국 캔사스 주 토페카(Topeka) 시의 성결교 성경학교에서 부흥회를 이끌었으며, '사도적 신앙 회복 운동'을 표방했다.[4] 1900년에서 1901년으로 넘어가는 송구영신예배 시간에

---

2) '오순절 성령 운동'(Pentecostal Spiritual Movement), '오순절주의'(Pentecostalism), '오순절 운동'(Pentecostal Movement)이라는 말은 일반적으로 별다른 구별 없이 사용되는 경우가 많다. '오순절주의'는 좁은 의미에서 보면 오순절 교단의 사상과 교리를 말하지만, 넓은 의미에서 보면 '오순절 마가다락방 사건'을 통해서 초대교회 신자들이 경험했던 성령의 은사들을 오늘날에도 경험할 수 있다고 믿는 신앙 유형을 지칭할 때 쓰인다. '오순절'이라는 명칭은 이미 19세기 영국과 미국의 부흥 운동에 있어서도 사용되고 있었는데, 그때는 오순절 교단들이 생성되기 전이다. 그러나 혼동을 막기 위해 여기서는 '오순절 운동'은 특정 교단의 신앙 운동을 지칭하는 좁은 의미로 사용하고, 넓은 의미를 지칭할 때는 '성령 운동'이라는 용어를 사용하도록 하겠다. 이 부분에 대해서는 배본철, 「한국 오순절 성령 운동의 역사와 전망」, 『영산신학저널』(한세대학교 영산신학연구소, 2013) 9-11쪽 참조.

3) 이영훈, 「오순절 운동이 한국 교회에 미친 영향」, 『오순절신학논단』(1) (한국오순절신학회, 1998), 92-93쪽.

4) 구춘서, 「오순절 성령 운동의 발전과 한국 교회의 미래」, 『영산신학저널』 26권 (한세대학교 영산신학연구소, 2012), 55쪽.

그의 학생 중의 한 명인 아그네스 오즈만(Agnes Ozman)이 안수를 받기 원해서 기도를 해주었다. 그러자 그 학생이 방언을 하게 되었다. 이 독특한 성령 체험을 계기로 파함은 방언이 성령 세례의 증거라고 주장하며 기존 교회들과 구분되는 독특한 교리를 만들어 냈다. 이것은 오순절 운동의 주요 교리가 되었다.[5]

방언은 오순절 운동의 정체성을 의미할 정도로 매우 중요한 위치를 차지하고 있기 때문에 어떤 사람들은 오순절 운동을 '방언 운동'(Glossolalia, Tongue Movement)이라고 규정하기도 했다.[6] 정통 오순절주의자들에게 있어서 성령 세례를 받은 1차적 증거는 방언이며, 다른 은사들은 2차적 증거가 된다.[7] 팔함의 부흥 운동은 당시에는 큰 주목을 받지 못했지만, 그의 제자인 시무어가 대부흥 운동을 이끌 수 있는 토대가 되었다.

(2) 1906년 아주사 스트리트 부흥 운동

팔함은 1905년 텍사스 휴스턴에 성경학교를 만들었다. 여기에서 공부했던 윌리엄 시무어(William J. Seymour)라는 흑인 설교가는 1906년 미국 LA 아주사 스트리트(Azusa street)에서 폭발적인 부흥 운동을 이끌었는데, 이것이 바로 현대 오순절 성령 운동의 시작이다.[8] 물론 이전에도 성령 세례를 통한 강력한 영적 운동들이 있었고, 아주사

---

5) 배덕만, 「오순절 운동의 어제, 오늘, 그리고 내일」, 『영산신학저널』 29권(한세대학교 영산신학연구소, 2013), 62쪽.
6) 이창승, 「오순절주의의 정체성: 성령침례에 결합된 방언과 그 의미」, 『오순절신학논단』 8권(한국오순절신학과, 2010), 241-242쪽.
7) 이영훈, 「오순절 운동이 한국 교회에 미친 영향」, 93쪽.
8) 최윤배, 「개혁신학의 관점에서 본 신사도 운동의 영성」, 『한국조직신학논총』 제38집(2014년 6월), 130-131쪽.

스트리트의 성령 운동은 이런 여러 가지 성령 운동 중의 하나일 뿐이라고 주장하는 사람들도 있다.[9] 그러나 이전의 성령 운동들은 아주사 스트리트 부흥 운동처럼 지속적인 영향을 미치지 못하고 단발성으로 끝났다. 그 때문에 아주사 스트리트 부흥 운동을 오순절 운동의 시작이라고 본다.[10]

'아주사의 기적'이라고도 불리는 시무어의 부흥 운동은 3년 동안 지속되었는데, 여러 교파와 인종들이 함께 모여서 기도, 설교, 간증 등으로 집회를 이어갔다. 그곳에서 성령의 권능 아래 방언과 방언 통역, 예언과 축사, 신유 등 사실상 초대교회에 일어났던 모든 성령의 은사들이 동일하게 나타난 것이다.[11] 아주사 거리의 부흥 운동을 시작으로 미국과 전 세계로 퍼져 나간 오순절 운동은 하나님의 성회를 포함한 많은 교단들의 탄생에 영향을 주었고, 20세기 개신교에 큰 영향을 미쳤다.[12]

2) 은사주의 운동

20세기 중반인 1960년에 이르러 '성령 세례'와 '방언'이라고 하는 오순절 은사운동이 비(非)오순절 교회까지 영향을 미치게 되었다. 이들은 자기가 속한 교단을 떠나지 않은 상태에서 성령의 여러 가지 은

9) 구춘서, 「오순절 성령 운동의 발전과 한국 교회의 미래」, 58쪽.
10) Rick Joyner, *The Fire That Could Not Die*, 정한출, 『꺼지지 않는 성령의 불 - 아주사 스트리트 부흥 운동 이야기』(서울: 은혜출판사, 2007), 34-38쪽.
11) 이영훈, 「오순절 운동이 한국 교회에 미친 영향」, 95쪽.
12) 배덕만, 「오순절 운동의 어제, 오늘, 그리고 내일」, 61-63쪽.

사들을 갈망하며 초대교회의 신앙을 회복하고자 했다. 이런 사람들을 가리켜 신오순절주의자(Neo-Pentecostalist)라고 부르게 되었다.[13]

신오순절주의자들은 감정적인 흥분이나 열광적인 광신으로 빠지게 되는 것을 경계하면서도, 성령 세례와 성령의 은사들에 대해서는 관심을 가지고 있었다.[14] 이런 흐름은 주류 개신교단들뿐만 아니라 성공회와 가톨릭교회로까지 확산되어 나가게 되었는데, 이를 '은사주의 운동'이라고 말한다.[15]

많은 학자들이 1960년 4월 3일을 은사주의 운동의 출범일로 잡는다. 왜냐하면 이날 미국 캘리포니아 반 누이스(Van Nuys)에 위치한 성 마르코 성당에서 사목하던 성공회 사제 데니스 베네트(Dennis Bennett)가 자신이 오순절 운동에서 나타나는 것과 같은 유형의 성령 체험, 즉 방언의 능력을 받으면서 성령 세례를 받았다고 신자들에게 선포했기 때문이다. 당시 그가 속해 있던 교구는 오순절 성령 운동에 대해서 부정적인 견해를 가지고 있었다. 그래서 데니스 베네트 사제는 즉시 면직 처분되었고, 성공회 사람들로부터 공개적으로 비판을 받게 되었다. 그러나 이것이 오히려 광고 효과를 가져와서 성공회뿐만 아니라 감리교, 루터교, 장로교 등 다른 교단으로까지 은사주의 운동이 퍼져나가게 되었다.[16]

비슷한 시기에 천주교에서도 은사주의 운동이 일어났다. 제2차 바티칸 공의회가 끝나고 가톨릭에서는 여러 가지 변화의 흐름이 나타

---

13) 이영훈, 『성령과 교회』(서울: 교회 성장연구소, 2013), 36쪽.
14) 이영훈, 「오순절 운동이 한국 교회에 미친 영향」, 95쪽.
15) 배덕만, 앞의 글, 63쪽.
16) Hank Hanegraaff, *Counterfeit Revival*, 이선숙 역, 『빈야드와 신사도의 가짜 부흥 운동』(서울: 부흥과개혁사, 2009), 267-268쪽.

났다. 그중에서 새로운 성령강림을 열망하던 사람들도 있었는데, 그 시작은 미국 펜실베니아 피츠버그에 있는 천주교 계통의 듀케인 대학교(Duquensne University)였다. 이 학교의 평신도 신학교수들과 학생들은 새로운 성령강림을 열망하면서 기도회를 1966년부터 시작했다. 그런데 1967년 2월 피정 중에 성경을 묵상하면서 방언을 하는 등 성령 체험을 하게 되었다. 이것이 가톨릭 성령쇄신 운동(Catholic Charismatic Renewal)의 효시가 되었다.[17]

듀케인 대학에서 시작된 가톨릭 성령 운동은 노틀담 대학으로 이어졌다. 그곳의 학생들과 교수들은 하나님 성회 목사인 레이 블라드(Ray Bullard)를 초청하여 집회를 하다가 방언 체험을 하게 되었다. 이것을 계기로 가톨릭에서 은사주의 운동이 급속히 퍼져나가게 되었다.[18] 이 운동이 점차 미국 내의 대학과 본당, 수도원 등으로 퍼지기 시작해서, 점차 유럽과 세계 각지로 확산되면서 단체들이 결정되었다. 천주교의 성령쇄신 운동은 로마 교황청의 허가를 받아서 오늘날까지도 지속되고 있다.[19]

이렇게 해서 1906년 시작된 오순절 운동이 1960년대에 이르러 개신교와 가톨릭을 모두 아우르는 범그리스도교적 성령 운동인 은사주의 운동으로 발전하게 되었다. 은사주의 지도자들은 새로운 교파를 만들려는 의도는 없었고, 교단 내 은사갱신 운동의 성격을 보였다. 따라서 이들은 오순절 지도자들과는 달리, 교파를 옮기지 말고 각자 자신의 교파에 남아서 그 안에서 변화를 일으키라고 권장했

---

17) 오태순, 「한국 가톨릭 성령 운동의 역사와 결실」 『사목정보』 2(2)(미래사목연구소, 2009), 7쪽.
18) 이영훈, 「오순절 운동이 한국 교회에 미친 영향」, 96쪽.
19) 조현범, 「한국 천주교의 현재와 미래」 『종교연구』 68, (한국 종교학회, 2012), 75쪽.

다. 은사주의와 오순절 운동은 많은 유사점이 있으며, 교리적으로는 거의 차이가 없다고 볼 수 있다.[20]

다만 오순절 운동에서는 방언을 전형적인 성령 세례의 증거라고 주장하지만, 은사주의 운동에서는 여러 가지 성령의 은사 중의 하나라고 말한다. 즉 오순절 운동에서는 방언이 성령 세례의 필수적인 요소라고 생각하지만, 은사주의에서는 방언이 없는 성령 세례도 인정하는 것이 차이점이다.[21]

3) 제3의 물결

1980년 이후에 복음주의 계열에 속해 있던 사람들이 주도한 '제3의 물결'(Third Wave)이 시작되었다. 이들은 초대교회 시절에 있었던 성령의 특별한 은사들과 초자연적인 기적들이 오늘날에도 계속된다고 믿었다. 따라서 이들을 새로 시작된 또 하나의 '오순절 운동'이라고 말할 수도 있겠다. 하지만 이들은 이전의 '오순절 운동'이나 '은사주의 운동'과는 구별하여, 자신들을 복음주의자로 분류하기를 원했다.[22] 따라서 이들은 1906년에 오순절 교단 성립의 계기가 된 부흥 운동을 '제1의 물결', 1960년대에 천주교와 성공회까지 확대된 은사주의 운동을 '제2의 물결'이라고 말하면서, 자신들을 '제3의 물결'이

---

20) C. Peter Wagner, *Wind of the Third*, 정운교 역, 『제3의 바람』(서울: 하늘기획, 1990), 24-25쪽.
21) 김광열, 「21세기 성령 운동 연구: '제3의 물결'에 대한 개혁신학의 평가」, 『개혁논총』 17(개혁신학회, 2011), 127쪽.
22) 정일웅, 「빈야드 운동과 빈야드 예배문화의 비판적 성찰」, 『신학지남』 247호(신학지남사, 1996 여름), 215-216쪽.

라고 구분했다. 빈야드 운동과 신사도 운동이 여기에 속한다. 이들은 원래 오순절주의나 은사주의와 상관없는 복음주의자들이지만, '성령의 은사'에 대한 입장은 전통적인 복음주의와는 다르다. 이들은 앞의 '두 물결', 즉 오순절 운동과 은사주의 운동에 많은 영향을 받았다.

제3의 물결에서는 '성령 충만'을 강조하며, '초자연적인 은사와 표적과 이적'을 경험하는 것이 중요하다고 주장했다. 그러나 자신들은 오순절주의자나 은사주의자가 아니라고 말하면서, 원래 속해 있던 복음주의를 떠나지 않고 그대로 머물러 있었다.[23] 이들은 기존의 물결들이 가진 '분열의 이미지'를 거부하며, 자신들이 속한 전통적인 복음주의 방식을 존중한다. 또한 교회의 분열을 막기 위해 여러 가지 점에서 타협할 준비가 되었다.[24]

이들은 '성령 세례'(baptism)라는 용어보다는 '성령 충만'(filling)이라는 표현을 선호하며, 신자의 삶을 통해 지속적으로 성령 충만을 유지해야 한다고 주장한다. 넓은 의미에서 보면 제3의 물결도 성령 운동의 한 흐름이며, '능력전도'(power evangelism), '능력치유'(power healing), '계시를 통한 지식의 말씀인 예언의 은사'(words of knowledge) 등을 강조한다.[25]

---

23) 이영훈, 「오순절 운동이 한국 교회에 미친 영향」, 97쪽.
24) 피터 와그너, 『제3의 바람』, 29-30쪽.
25) 김광열, 「21세기 성령 운동 연구: '제3의 물결'에 대한 개혁신학의 평가」, 128쪽.

2
피터 와그너와 신사도 운동

1) 신사도 운동 개요

2000년대에 이르러 본격적으로 활동을 시작한 신사도 운동은 현재 전 세계적으로 급격하게 성장하며 많은 영향을 미치고 있다. 신사도 운동의 창시자는 피터 와그너(C. Peter Wagner, 1930-2016)이다. 그는 미국 풀러 신학교에서 1950년대와 1960년대에 공부를 했고, 1970년대부터 1990년대까지 교수로 재직하면서 교회 성장학을 가르치다가 은퇴했다.

피터 와그너는 성장하는 교회들의 흐름을 연구하다가, 그들의 공통된 특징을 찾고 '신사도적 개혁 운동'이라는 이름을 붙였다. 그리고 "신사도적 개혁 운동은 20세기에 일어난 하나님의 엄청난 역사이며, 이 운동으로 인해 전 세계 그리스도교의 모습이 바뀌고 있다."고 평가한다. 그에 따르면, 많은 교회들이 행정, 재정, 전도, 선교, 기도, 교회 지도자의 선발이나 훈련, 예배 등과 같은 중요한 분야에서 새로운 틀과 운영 방식으로 변화되고 있으며, 현재 전 세계적으로 가장 빠른 성장을 보여주는 곳이 바로 신사도 교회들(The New Apostolic Reformed Church)이라는 것이다. 이런 교회들 중에는 어느 특정한 교단에 속해 있는 교회들도 있고, 교단에 속하지 않은 독립교회들도 있다. 이들을 공통적으로 묶어서 부를 만한 적당한 용어가 없기 때문에 새로운 용어를 사용하게 된 것이다.[26]

피터 와그너의 주장을 한마디로 요약하면, 원래 전도, 양육, 예배, 사회봉사 등의 사역을 위해서 발전된 교회 조직이 시대의 흐름에 따라 오히려 역기능적으로 변질되어 사역의 발목을 잡고 있기 때문에, 기성교단 체제는 더 이상 효과적이지 않고 사도적인 교회로 새롭게 전환해야 한다는 것이다.[27]

피터 와그너와 함께 신사도 운동에서 중요한 위치를 차지하고 있는 릭 조이너는 지나온 교회의 역사를 살펴보면 "교회가 살아 움직이기보다는 하나의 기관이고 조직으로서 무사 안일하게 지냈다."고 평가하면서 개혁의 필요성을 역설한다.[28] 이들은 오늘날에도 초대교회 시절과 동일한 성령의 은사가 지속되고 있으며, 하나님께서는 카리스마적 지도자인 사도를 세우시고 교회를 이끌어 가게 했다고 주장한다. 이를 위하여 피터 와그너는 2000년에 미국 텍스스의 달라스에서 '국제 사도 연맹'(ICA, The International Coalition of Apostles)을 만들어 본격적으로 신사도 운동을 시작했다. 그는 자신의 개혁 운동이 16세기의 종교개혁을 계승하는 것으로 생각하고 있다.[29]

신사도 운동은 최근에 출현한 매우 낯설고 특이한 성령 운동이

---

26) C. Peter Wagner, *Churchquake*, 방원선·권태진 역, 『교회의 지각변동』(의왕: WLI Korea, 2007), 11-12쪽.
27) 같은 책.
28) C. Peter Wagner, *The Apostolic Ministry*, 곽정남 역, 『사도적 사역』(서울: 순전한 나드, 2005), 60-61쪽.
29) C. Peter Wagner, *Apostles & Prophets: The Foundation of the Church*, 임수산 역, 『사도와 선지자』(서울: 쉐키나, 2008), 35쪽.

아니라, 앞에서 살펴본 미국의 부흥 운동의 전통 안에 있으면서, 특히 오순절 운동의 직·간접적 영향 속에 발전한 것이다.[30] 피터 와그너는 신사도 운동의 계보가 '은사주의 운동과 오순절주의'로 거슬러 올라간다고 말하면서, 사도적 교회들이 전부 은사주의라고 말할 수는 없지만, 아마도 80%는 은사주의적인 교회라고 설명한다.[31] 피터 와그너는 '제3의 물결'이 사실 앞의 두 물결들과 중요한 교리적 차이는 없고, '성령세례', '방언의 은사', '성령의 은사' 등을 바라보는 사소한 입장 차이에 불과하다고 말한다.[32]

2) '신사도적 개혁 운동'이라는
이름에 담긴 의미

교회 성장학자인 피터 와그너는 최근에 성장하는 교회들을 연구한 결과 그들의 공통된 특징을 발견하고, 풀러 신학교에서 새로운 과목을 개설하려 했다. 그때 과목명으로 '신사도적 개혁 운동'이라는 이름을 정한 것이 지금까지 널리 쓰이게 된 것이다.[33] 이 이름에서 알 수 있듯이 피터 와그너의 사상의 핵심은 '사도성'과 '교회의 개혁'이라고 말할 수 있다. 그가 '개혁'이라는 단어를 쓰는 이유는 이 운동의 영향력이 16세기의 종교개혁에 버금가기 때문이고, '사도적'이

---

30) 배덕만, 「신사도 개혁 운동, 너는 누구니?」, 『성결교회와 신학』, 29(현대기독교역사연구소, 2013), 112쪽.
31) C. Peter Wagner, *Dominion*, 서종대 역, 『Dominion』(의왕: WLI Korea, 2008), 39쪽.
32) 피터 와그너, 『제3의 바람』, 27쪽.
33) 피터 와그너, 『교회의 지각변동』, 49쪽.

라는 표현을 쓰는 이유는 '사도의 은사와 직임'이 다시 회복되었다고 강조하는 것이 이들의 가장 큰 특징이기 때문이다.[34]

(1) 사도적(Apostolic)

'사도적'이라는 말을 피터 와그너가 처음 사용한 것은 아니다. 이미 천주교나 성공회 같은 '전통 교회'들은 '사도 계승'을 강조하면서 '사도적 교회'라는 용어를 사용해 왔다. 그러나 기존 교회에서 말하는 '사도적'이라는 말의 의미는 피터 와그너가 말하는 '사도적' 교회와는 개념이 다르다. 그래서 '사도적'이라는 단어 앞에 '새로운'이라는 수식어를 붙인 것이다.[35]

천주교는 베드로와 그의 후계자들(교황)을 통하여 예수께서 직접 부여했던 사도직이 역사적으로 계승되고 있다고 생각하며, 성공회도 교황 제도는 없지만 '역사적 주교직'을 중요하게 생각하고 있다. 그러나 신사도 운동에서는 교회가 제도화되면서 교회의 역사에서 사라졌던 '사도직과 예언자직'이 오늘날 카리스마적으로 임명받은 특정한 사람들을 통해 다시 세워졌기 때문에 '신사도'라고 부른다.[36] 이전의 전통 교회들에서는 '사도'의 권위는 상징적인 권위이자 제도적인 권위였기 때문에, 그 정통성을 '사도로부터 이어오는' 것에서 찾았다. 하지만 신사도 운동에서의 사도의 권위는 하나님의 선택과 성령의 은사로 부여된 카리스마적 권위이기 때문에, 실질적인 성령의 은

---

34) C. Peter Wagner, *Changing Church*, 김영우 역, 『신사도적 교회로의 변화』(서울: 쉐키나, 2006), 9-10쪽.
35) 피터 와그너, 『교회의 지각변동』 60쪽.
36) 최윤배, 「개혁신학의 관점에서 본 신사도 운동의 영성」 136쪽.

사와 능력을 행사하는 것이 권위의 근거가 된다.

피터 와그너와 같은 의미로 '사도적'이라는 용어를 먼저 사용한 것은 『네트팩스(NetFax)』라는 잡지이다. 이 잡지는 1995년 9월 4일자 기사에서 교회의 패러다임을 '사도적 패러다임'(초기~3세기), '그리스도 교회 패러다임'(4세기~20세기 중반), '신사도적 패러다임'(20세기 후반~현재)으로 구분했는데, 여기서 '신사도'라는 용어를 먼저 사용했다. 또한 에드 델프(Ed Delph)라는 목사도 자신과 연결된 교회들을 '사도적 교회'라고 부르고 있었다.[37]

처음에 피터 와그너는 '사도적'이라는 용어를 사용해서는 안 된다는 입장이었다. 그 이유는 '사도적'이라는 표현을 쓸 경우, 초대교회의 은사와 직임들이 오늘날 어떤 특정 교회에서만 나타난다는 인상을 줄 수 있었기 때문이다.[38] 그럼에도 불구하고 결국 '사도적'이라는 용어를 사용하게 된 이유는 무엇보다도 초대교회에 있었던 '사도의 직임'이 오늘날 교회에도 활성화되고 있다는 것을 강조하기 위해서이다. 피터 와그너는 신사도 교회들과 전통 개신교 교회들 사이의 근본적인 차이점이 바로 '사도의 은사와 직임' 부분이라고 생각하기 때문에, '신사도 운동'이라는 용어를 사용하게 되었다.[39]

(2) 개혁 운동

피터 와그너는 "지금 우리는 과거 종교개혁 이래 가장 급격한 변화를 목격하고 있으며, 개혁의 정도가 종교개혁보다 결코 덜하지 않

---

37) 피터 와그너, 『교회의 지각변동』, 49-52쪽.
38) 위의 책, 49-50쪽.
39) 위의 책, 63쪽.

을 것"이라고 생각한다. 그러면서 현재의 개혁은 '믿음의 개혁'이 아니라 '방식의 개혁'이라고 설명한다. 16세기의 개혁이 부패하고 신앙을 저버린 교회에 대한 반발로 일어났다면, 현재의 개혁은 시대에 맞지 않는 '부적절함' 때문이다.[40] 그렇다고 해서 복음의 본질을 바꾸자는 말은 아니다. 단지 그 본질을 포장하고 제시하는 방법에 혁신적인 변화가 필요하다는 뜻이다.[41]

피터 와그너는 전통적인 그리스도교의 특성들 중 많은 부분은 변화되지 않을 것이라고 말한다. 예를 들어 종교개혁의 기본 신학은 달라지지 않을 것이다. 신사도 교회 지도자들은 믿음으로 의롭게 된다는 '이신칭의'나 '만인제사장설', 혹은 '성경의 권위'에 대해서 이의를 제기하지 않는다. 사도신경으로 신앙을 고백할 것이며, 성탄절과 부활절을 지키고, 대부분은 비슷하다. 그러나 많은 것이 달라지고 있고 앞으로도 달라져야 한다.[42]

(3) 새로운(NEW, 新)

'새로운'이라는 말은 '사도적'과 '개혁'이라는 단어를 동시에 수식하고 있다. 그렇다면 왜 '새로운(新)'인가? 앞에서 언급한 대로 '개혁'은 과거 16세기와는 다른 '새로운 개혁'이기 때문이고, '사도적'은 천주교나 성공회와 같은 '기존의 사도적 교회'와는 다른 새로운 움직임이기 때문이다.[43]

---

40) 위의 책, 51-52쪽.
41) 위의 책, 40쪽.
42) 위의 책, 26-27쪽.
43) 위의 책, 52-53쪽

'신사도적 개혁 운동'이라는 명칭은 잠정적인 용어이다. 피터 와그너는 이런 종류의 운동들에 대해서 가르치는 과목과 책들 때문에 '신사도적 개혁 운동'이라는 용어를 사용하고 있을 뿐, 앞으로 어떤 명칭으로 사용될지는 지켜보아야 한다고 말한다.[44]

3) 신사도 교회의 주요 특징

신사도 운동은 특정한 교단이나 신학교를 중심으로 조직적으로 진행된 것이 아니기 때문에 그 모습이나 형식이 일치하지 않고, 지도자의 계통에 따라서 조금씩 다른 모습을 보인다.[45] 그럼에도 신사도 운동이 다른 은사주의 운동과 구별되는 공통된 특징이 있는데, 그것은 바로 교회의 리더십에 관한 것이다. 피터 와그너는 사도를 머리로 하는 카리스마적인 리더십에 초점을 맞춘다. 이것은 기존 제도권 교회의 리더십과 상충되기 때문에 기존 교회들과 갈등의 여지가 있다. 최태영은 피터 와그너의 주장의 핵심을 아래와 같이 요약한다.

와그너의 주장의 핵심은 현재 대부분의 개신교회가 취하고 있는 교단 체제가 더 이상 효과적이지 못하다는 것이다. 교단 체제는 낡은 가죽 부대가 되었고, 이제는 새로운 가죽 부대로서 사도적 교회 체

---

44) 위의 책, 52-53쪽.
45) 정이철, 『신사도 운동에 빠진 교회: 한국 교회 속의 뒤틀린 성령 운동』(서울: 새물결플러스, 2012), 51쪽.

제로 전환해야 한다는 것이다. 그리고 이것이 가능한 것은 오늘날에
도 하나님께서 사도를 허락하셨다는 것이다. 교단이 취하고 있는 집
단지도 체제에서 사도의 권위에 의해 다스려지는 교회 체제로 전환
되어야 성령의 폭발적인 역사가 가능해진다는 것이다.[46]

최태영의 요약에 신사도 교회의 주요 특징이 모두 포함되어 있다.
피터 와그너의 저서를 중심으로 이 내용들을 좀 더 자세하게 알아
보도록 하겠다.

(1) 카리스마적 리더십

신사도 운동이라는 이름에서 이미 드러나는 것처럼, 신사도 운동
에서 제일 중요한 특징은 바로 '사도'라는 카리스마적인 지도자이다.
신사도 운동에 따르면 '사도의 직임'이 지금도 존재한다. 일반적인 교
회에서 말하는 것처럼, 사도가 초대교회 당시에만 존재했다가 사라
진 것이 아니라, 오늘날에도 여전히 사도의 직분은 살아 있다고 주
장한다.[47] 피터 와그너는 지금 우리가 '두 번째 사도 시대'에 살고 있
으며, 두 번째 사도 시대는 2001년부터 시작되었다고 믿는다.[48]

피터 와그너의 조사 결과, 최근에 급격히 성장한 교회들은 민주적
인 원칙에 따라 운영된 것이 아니라, 강력한 지도자에 의해 설립된
것으로 나타났다. 중요한 결정은 모두 지도자에 의해서 결정되는데,
피터 와그너는 이것이 사도 체제의 중요한 특징이라고 말한다. 그들

---

46) 최태영, 「피터 와그너의 신사도 개혁 운동에 대한 비판적 고찰」, 『신학과 목회』 40(영남신학대학교,
     2013), 164쪽.
47) 피터 와그너, 『오늘의 사도』, 13쪽.
48) 피터 와그너, 『사도와 선지자』, 213-214쪽.

을 모두 '사도'라고 부를 수는 없지만, '사도적인' 것은 맞는다고 설명한다. 피터 와그너는 교회의 구조를 '관료적 권위'에서 '개인의 권위'로, '법률적 구조'에서 '관계적 구조'로, '통제에서 조화로', '합리적 리더십'에서 '카리스마적 리더십'으로 이동하는 것이 바로 '패러다임의 전환'이라고 주장한다.[49]

피터 와그너는 사도들이 '대단한 영적 권위'를 갖고 있는데, 그들이 이런 권위를 갖게 된 것은 "사도의 은사와 함께 본질적으로 함께 따라오기 때문"이라고 말한다. 또한 이 권위는 "하나님으로부터만 온다."고 설명하며, '사도의 은사'를 받은 사람들은 하나님께서 그들을 선택하셨기 때문에 그 은사를 받은 것이라고 말한다.[50] 또한 "사도의 권위는 어떠한 직위나 직함을 거머쥐는 데서 나오는 것이 아니다. 순전하고 단순하게 하나님의 기름부음으로부터 말미암는 것이다"라고 설명한다.[51]

피터 와그너는 종교사회학자 막스 베버의 이론을 인용하면서, 사도는 '카리스마적 지도자'라고 말한다. 그러면서 '카리스마의 일상화 현상'을 막아야 한다고 주장한다. 그는 베버의 이론을 아래와 같이 정리한다.

"꿈꾸는 한 사도적 리더에 의해 무브먼트가 시작된다. 바로 이런 것이 카리스마적인 리더이다. 그 리더가 죽으면, 따르는 사람들이 재편성되어 어떻게 하면 예전 리더의 카리스마를 영속시킬 수 있을지 방법

---

49) 위의 책, 202-204쪽.
50) 위의 책, 210쪽.
51) 위의 책, 60쪽.

을 강구하려는 노력을 한다. 이런 노력은 으레 이성적이고, 관료적이고, 민주적인 조직을 형성하는 쪽으로 결과가 나온다. 그룹에 의해 새로운 지도자가 선출되고 신임을 받게 된다. 이것이 의미하는 것은 한 개인(사도)에서 자신들의 지도자를 임명할 수 있고 (제적시켜 버릴 수도 있는) 능력을 지닌 그룹의 사람들로 최종적인 권위가 이동했다는 것이다."[52]

처음에는 창시자의 '카리스마'로 시작된 종교지만, 나중에는 '안정성'을 유지하기 위해서 '카리스마의 일상화'가 되면서 '제도화'된 종교가 된다. '종교의 제도화'는 어느 종교가 안정된 위치에서 지속적으로 역사를 이어가느냐, 아니면 창시자의 카리스마적 운동으로 끝나고 마느냐를 좌우하는 중요한 역할을 한다.[53]

따라서 종교학자들은 일반적으로 '카리스마의 일상화 현상'은 어쩔 수 없는 일이라고 생각한다. 하지만 피터 와그너는 이런 의견에 동의하지 않으며, '카리스마적 리더십'이 계속 유지될 수 있는 처방전을 내린다. 우선 조직이 비대해지지 않도록 각 네트워크 산하의 교회 수를 50~150개로 제한하고, 각 네트워크 안에서 새로운 사도를 계속 세워 가야 하며, 새로운 사도가 출현하면 그를 독립시켜서 새로운 네트워크를 시작할 수 있도록 해야 한다는 것이다.[54]

<hr>

52) 위의 책, 111쪽.
53) 정재영, 『교회 안 나가는 그리스도인』(서울: IVP, 2015), 184쪽.
54) 피터 와그너, 앞의 책, 111-112쪽.

(2) 교단 체제의 개혁

피터 와그너는 지금의 교회 제도는 '카리스마의 일상화' 현상으로 관료적인 조직으로 변질되어 생명력을 잃었기 때문에, '사도'를 중심으로 다시 한 번 교회를 개혁해야 한다고 주장한다. 그에 따르면 2,000년이라는 오랜 세월 동안 교회는 각 시대에 따라 다양한 방식으로 확장되고 성장했다. 즉 초대교회부터 그리스도교 공인 전까지, 공인 이후부터 종교개혁 시기까지, 교회 개혁에서 제국주의 시대, 그리고 세계대전과 현대에 이르기까지, 역사의 전환마다 새로운 시대라는 '새 포도주'를 담을 '새로운 부대'를 준비해 왔다.[55] 그리고 현재의 교회 체제는 국가 교회에서 교단 교회로 바뀌어서 지금까지 유지되었지만, 이제는 신사도적 교회로 바뀔 때가 되었다고 주장한다.

피터 와그너는, 313년 콘스탄티누스 황제가 그리스도교를 공인하고, 392년 테오도시우스 황제가 그리스도교를 로마의 국교로 선포한 이후 중세 교회까지는 교회의 체제가 국가 교회였다는 것이다. 그러다가 16세기 종교개혁이 일어난 다음에 더 이상 국가 교회 체제로 갈 수 없어지자 나타나게 된 것이 바로 교단 체제인데, 이는 민주주의 정치이념의 영향을 받은 것이다. 이런 관점에서 보면, 국가 교회는 낡은 가죽 부대이고, 교단 체제가 새 가죽 부대이다.[56]

피터 와그너는 지난 400년간 개신교의 대표적인 전통 모델은 교단 체제였고, 교단 체제가 교회의 역사에서 오랜 세월 동안 순기능을 했던 것은 사실이지만, 지금 이 시대에는 교단 체제가 더 이상 적합

---

55) 피터 와그너, 『교회의 지각변동』, 23-24쪽.
56) 피터 와그너, 『Dominion』, 25-38쪽.

하지 않기 때문에 이제는 변화가 필요하다고 주장한다.[57] 다시 말하면, 21세기는 "사도와 선지자의 터 위에 세워지는 신사도적 시대"가 도래했기 때문에 기존의 교단 체제라는 낡은 부대가 아니라 '신사도적 교회'라는 새 가죽부대로 바뀌어야 한다는 것이다.[58] 실제로 미국의 전통 교단인 감리교, 루터교, 성공회, 장로교 등은 신자수가 계속 감소하고 있는 반면, 신사도 운동 계열의 교회들은 꾸준히 성장하고 있다는 것이 이 주장의 근거가 된다.[59]

그렇다면 '사도적 교회'는 무엇을 의미하는가? 릭 조이너는 '진정한 사도적 교회'가 되기 위해서는 교회 안에 '사도적 사역'이 회복되어야 한다고 강조한다.[60] '사도적 사역'이란 초대교회 시절에 활발하게 일어났던 성령의 여러 가지 은사를 바탕으로 하는 사역을 의미한다. '하나님의 임재'가 초대교회에 '능력과 권위'를 주고, 세상을 향하여 강력하게 복음을 전파하게 했다. 이제 그와 똑같은 능력의 '사도적 교회'를 오늘날 다시 회복시키는 것이 신사도 운동의 과제이다.[61]

와그너의 의도는 분명하다. 낡은 가죽 부대를 버리고 새 가죽 부대인 사도적 교회 체제를 수용해야만 교회는 빠르게 성장할 수 있다는 것이다. "사도들이 없는 교회는 사도들이 있는 교회만큼 잘 기능하지 못할 것"이라고 단언한다.[62] 피터 와그너는 '옛 부대 지도자'들이 반발하리라고 예상하고 있다. 그들은 과거에 집착하며 과거의

---

57) 피터 와그너, 『교회의 지각변동』, 28-29쪽.
58) 피터 와그너, 『신사도적 교회로의 변화』, 53쪽.
59) 피터 와그너, 『교회의 지각변동』, 18-23쪽.
60) 릭 조이너, 『사도적 사역』 103쪽.
61) 위의 책, 116-118쪽.
62) C. Peter Wagner, *Apostles Today,* 박선규 역, 『오늘날의 사도』(서울: 쉐키나, 2008), 18쪽.

방식을 고수하려고 하면서 새로운 시도를 거부할 것이라고 말한다. 옛 지도자들은 자신들의 '지위'와 '기득권'을 잃고 밀려날까봐 두려워할 것이라고 말한다. 이런 현상은 거짓된 '종교의 영'에 사로잡혔기 때문이라고 강력하게 비판한다. 그들은 하나님보다 자신의 '지배력'이나 '이익'을 더 중요하게 생각하고 있다고 꼬집는다.[63]

탈제도종교의 흐름 속에 있는 상황에서 신사도 운동의 이런 주장을 흘려보내서는 안 된다. 지금 한국의 교회에서 일어나고 있는 여러 활동들이나 신자들의 헌신들은 대부분 교회 조직이나 건물 유지에 중점을 두고 있을 뿐, 교회의 본질인 선교를 위한 동력은 많이 사라지고 있으며, 교회의 사회적 역할은 빈약한 수준이기 때문이다. 또한 각 교단 지도자들은 자신들의 이익이나 권력을 위해서 교단 체제를 이용하기도 한다. 따라서 신사도 운동의 이런 주장은 한국 교회의 개혁과 갱신을 위한 하나의 방법이 될 수 있다. 특히 대형 교회의 세습 문제로 사회적인 지탄을 받고 있는 시점에서 신사도 운동의 문제 제기는 더욱 설득력 있게 다가온다.

(3) 새로운 예배 및 기도회

피터 와그너는 "사도적 교회는 예언과 방언과 축사 사역[64]과 예언적 행위와 영적 전투와 개인적인 기도의 중요성에 대해 강조하고 있다."고 말한다.[65] 이런 특징은 기존 교회들과는 차별되는 새로운 예

---

63) C. Peter Wagner, *Freedom from the Religious Spirit*, 김도현 역, 『종교의 영으로부터의 자유』(의왕: WLI Korea, 2005), 31-32쪽.

64) 축사逐邪 사역(deliverance ministries)은 귀신을 쫓아버리는 사역을 의미하며, 축귀逐鬼 사역이라고도 부른다.

65) 피터 와그너, 『Dominion』 39-40쪽.

배와 기도회로 이어진다. 신사도 운동에서는 24시간 365일 연속으로 중보기도를 하는 집단도 있다. 이는 구약 시대의 사제들이 하루 24시간, 1년 365일 동안 계속하여 각 조별로 돌아가며, 법궤를 중심으로 기도하고 예배를 드렸다는 '다윗의 장막'에 근거한 것이다. '국제기도의 집'(IHOP)이라는 곳은 이 같은 방식으로 매일 기도하고 있다. 이런 모습에 대해서 그리스도교에서 기도가 중요한 것은 사실이지만, 정상적인 생활을 버리고 특정한 장소에서 기도와 예배에만 계속 몰두하는 것은 문제가 있다는 비판도 있다.[66]

(4) 일터 교회

신사도 운동에서는 그리스도교의 사역이 교회 안에서만 이루어진다고 생각하는 전통적인 입장을 거부한다. 성령의 은사를 통한 사역이 교회 안에서만 이루어진다고 생각하는 것은 매우 협소한 사고방식이며, 이를 극복하고 각자의 삶의 현장으로까지 확대돼야 한다고 주장한다. 이를 실제적으로 적용하기 위하여 '핵 교회와 확대 교회'라는 용어를 사용하는데, 핵 교회가 기존의 교회 공동체라고 한다면, 확대 교회는 신자들 각각의 삶의 현장과 일터를 말한다. 각자 자신의 직업과 직장 안에서 하나님이 주신 은사를 적극적으로 활용할 것을 주장하고 있다. 신사도 운동에 따르면, 교회에 사도가 있는 것처럼 정해진 일터 영역 내에서 일터의 사도들이 나와야 한다. 일터의 사도들은 "아버지의 나라가 오게 하시며, 아버지의 뜻이 하늘에

---

66) 최윤배, 「개혁신학의 관점에서 본 신사도 운동의 영성」 144-146쪽. 같은 운동이 한국에도 존재한다. '한국 기도의 집'(KHOP)에서는 약 120-130명의 예배자가 하루 3교대로 24시간 멈추지 않는 기도와 예배를 드리고 있다. 자세한 사항은 박호종, 『기도의 집을 세우라』(서울: 규장, 2017), 9-19쪽 참조.

서와 같이 땅에서도 이루어지게 하소서."라는 주기도문을 실천하는 중요한 역할을 한다.[67]

4) 신사도 운동에서 나타나는
주요 종교 현상

신사도 운동에서 나타나는 주요 종교 현상은 방언, 치유 은사, 예언 은사 및 이적과 기적 등 성령 세례의 여러 가지 모습이다.[68] 이 중에서 대표적인 현상에 대해 신사도 운동의 입장과 비판가들의 입장을 비교해서 함께 살펴보도록 하겠다.

(1) 직통 계시와 예언

개혁주의 신학에서는 초대교회 시절에 있었던 치유와 방언, 계시 등 여러 가지 성령의 은사들은 성서의 완성과 함께 중단되었다는 은사 중지론을 주장한다. 이들의 입장에 따르면, "직통 계시를 통한 새로운 계시를 받는 방법이 아니라, 정경으로서의 66권 성경을 성령의 내적 조명과 기도를 전제한 올바르고 책임적인 해석학적 과정을 통해서 이해된 하나님의 말씀"이 중요하다. 또한 이들은 "꿈이나 느낌 등을 통한 미래 일에 대한 예감이나 예측 등을 예언 차원에서 이해해서는 안 되고, 반드시 성경의 계시에 기초하여 신중하게 판단해야

---

67) 피터 와그너, 『변화를 위한 지침서』, 280-295쪽.
68) 최윤배, 「개혁신학의 관점에서 본 신사도 운동의 영성」, 139쪽.

한다."고 주장한다.[69]

물론 피터 와그너도 "구약과 신약이라는 정경이 완성되었기 때문에 더 이상의 직접적인 계시는 필요하지 않다."고 말한다. "우리가 성경을 읽고 적용한다면, 우리들은 하나님으로부터 더 이상의 어떤 계시가 필요 없을 것"이라는 입장이다. 그러나 하나님께서는 성경에 기록되지 않은 무언가를 지금도 우리에게 말씀해주신다고 주장한다.[70]

따라서 피터 와그너는 "우리는 쌍방통행 기도를 실천하여 하나님의 음성에 귀를 기울일 수 있고, 또 기울여야 한다."고 말한다. 하나님은 '성경 밖에서, 또 성경을 초월하여' 말씀을 주시는 분이기 때문이다.[71] 지금도 여전히 '하나님의 음성'을 듣는 일이 가능하며, 하나님께서 '직접 계시'로 내려주시는 말씀을 선포하는 '예언 사역'은 지금도 유효하다는 뜻이다.[72] 하나님은 성경의 계시뿐만 아니라, 때로는 '초자연적인 수단'을 사용한다고 말한다.[73]

신사도 운동에서는 예언의 은사를 "하나님께서 그리스도의 몸(교회)의 특정 지체들에게, 자기 백성들에게 신적 기름부음의 언어를 통하여 하나님의 직접적인 메시지를 받고 의사소통하도록 도와주시는 특별한 능력"이라고 말하며, 1980년을 전후로 '성경 예언의 재흥과 예언 운동의 재흥'이 시작되었다고 주장한다.[74] 또한 2001년 무렵부

---

69) 위의 글, 141쪽.
70) 피터 와그너, 『기도하는 교회들만이 성장한다』, 72-73쪽.
71) C. Peter Wagner, *Praying with Power*, 홍용표 역, 『능력으로 기도하라』(서울: 서로사랑, 1997), 44-46쪽.
72) 위의 책, 80-81쪽.
73) 위의 책, 54쪽.
74) 위의 책, 49쪽.

터 '제2의 사도 시대'가 시작되었으며, 성령의 '초자연적인 은사들'과 '사도와 선지자의 직무'가 다시 회복되었다고 주장한다.[75] 신사도 운동의 가장 중요한 특징은 바로 '선지자와 사도의 직분을 복구'시키는 것이다.

그러나 모든 사람들이 예언자가 될 수 있는 것은 아니라고 말한다. 하나님께서는 특정한 사람들에게만 예언의 은사를 주시기 때문이다.[76] 그리고 '예언의 은사'를 받은 사람들에게도 단계가 있는데, '1차원: 간단한 예언', '2차원: 예언적 은사 받음', '3차원: 예언 사역', '4차원: 예언 직분'의 순서이다. 단계가 높아질수록 점점 소수로 줄어든다.[77]

피터 와그너는 사도가 하나님으로부터 계시를 받는 방법은 두 가지라고 말하는데, 하나는 본인이 직접 받는 것이고, 하나는 선지자들을 통해서 받는 것이다. 하나님이 자주 사용하는 방식은 선지자를 통해서 사도에게 전하는 방법이다.[78]

(2) 각종 성령의 은사

신사도 운동의 성령 세례는 기존의 오순절 운동과는 약간 입장의 차이가 있는데, 가장 큰 차이는 방언에 대한 입장이다. 오순절 운동에서는 방언이 가장 중요한 위치를 차지하고, 방언이 성령 세례의 증거라고 생각하지만, 신사도 운동에서는 방언으로만 성령 세례에 접

---

75) 피터 와그너, 『Dominion』, 23쪽.
76) 피터 와그너, 『사도와 선지자』, 152쪽.
77) 피터 와그너, 『능력으로 기도하라』, 52-53쪽.
78) 피터 와그너, 『사도와 선지자』, 153쪽.

근하는 것을 비판하며, 방언 이외에도 여러 가지 이적들과 현상들을 중요하게 생각한다.[79]

또한 일반적인 은사주의자들이 성령의 은사를 고린도전서 12장에 나오는 아홉 가지 은사로 제한하는 경향을 보이는 것에 대해 피터 와그너는 반박하면서, 성령의 은사를 그것으로 제한하면 안 되고, 더 많은 성령의 은사를 인정해야 한다고 주장한다. 그러면서 그는 성서에서 찾아낸 25가지의 은사를 소개한다. 그것은 바로 "예언, 봉사, 교사, 권면, 구제, 지도력, 긍휼, 지혜, 지식, 믿음, 치유, 능력 행함, 영분별, 방언, 통변, 사도, 돕는 것, 다스리는 것, 복음 전파자, 목사, 독신, 환대, 순교, 자발적 청빈, 선교"이다. 여기에 본인이 관찰했던 세 가지 은사인 "중보기도, 축사, 예배 인도"를 추가해서 28가지의 목록을 정리했다. 그리고 사람에 따라 은사가 다를 수 있기에 자신의 은사를 찾아서 발견할 필요가 있다고 말한다.[80]

신사도 운동에서는 여러 가지 이적들과 현상들이 나타나는 것을 '성령의 어노인팅'(anointing, 기름 부음)이라는 개념으로 설명한다. 어노인팅은 "쓰러지거나, 부들부들 떨거나, 잠시 몽롱한 상태로 드러눕거나, 방언을 흥얼거리거나, 짜릿한 느낌이 전류처럼 몸속으로 흐르거나, 금가루" 등의 현상으로 나타난다.[81] '성령의 기름 부음'을 통해서 여러 가지 은사들을 받게 되는데, '중보기도의 기름 부음', '치유의 기름 부음', '사도적 기름 부음' 등 신사도 운동의 중요한 개념들이 바탕

---

79) 정이철, 『신사도 운동에 빠진 교회: 한국 교회 속의 뒤틀린 성령 운동』, 280-282쪽.
80) 피터 와그너, 『변화를 위한 지침서』, 66-69쪽.
81) 정이철, 앞의 책, 289-290쪽.

이 되는 것이 바로 '기름 부음'이다.[82]

그러나 그리스도교 이외의 다른 종교에서, 그리고 심리학이나 최면술 등을 통해서도 동일한 '기적이나 이적'이 일어날 수 있다고 하면서, 신비한 현상에만 집중하지 말고 분별을 잘해야 한다는 입장들도 있다.[83] 이들은 신사도 운동은 "그리스도인들이 예수를 통하지 않고 힌두교의 쿤달리니(kundalini)나 무속의 신내림 등 다른 이방 종교의 방법으로 영적인 세계를 경험하는 현상"이라고 강하게 비판한다.[84]

(3) 임파테이션(능력 전이, Impartation)

'임파테이션'(능력 전이, Impartation)은 기도와 안수 등을 통해서 다른 사람에게 '성령의 능력과 기름부음'을 전달하는 것을 말하는데, 신사도 운동에서는 임파테이션을 강조한다. 임파테이션을 통해서 쓰러지거나 방언을 하는 등 강력한 성령 체험을 하기도 하며, 여러 가지 성령의 은사를 받을 수 있다고 말한다.[85]

임파테이션은 주로 '성령의 바텐더'(the Bartender of the Holy Spirit)에 의해서 행해진다. 이들은 성령의 큰 권능을 받은 사람으로, "자신의 뜻에 따라 성령을 불러올 수 있고, 성령의 능력과 은사를 다른 사람에게 전달 또는 배분할 수 있는 사람"이다.[86] 임파테이션은 신사도 운동에서 중요한 종교 현상이다. 하지만 이를 반대하는 사람들은 성

---

82) 위의 책, 442-443쪽.
83) 최윤배, 「개혁신학의 관점에서 본 신사도 운동의 영성」, 141쪽.
84) 정이철, 앞의 책, 318쪽.
85) 위의 책, 30-35쪽.
86) 최윤배, 앞의 글, 142-143쪽.

령의 바텐더를 힌두교의 구루 등 이교도의 영성을 흉내 내는 것이라고 평가절하하거나, 일종의 최면술이나 암시에 불과한 가짜 기적이라고 비판하면서 이 현상을 인정하지 않으려고 한다.[87]

이들이 성령을 대하는 태도에 대해서는 문제 제기를 할 수 있다. 자신들이 성령의 뜻에 따라 능력을 행사하는 것은 문제될 것이 없지만, 마치 성령을 자신들의 뜻대로 부리고 조종할 수 있다는 태도를 갖는다면, 그리스도교적인 방식은 아니다. 한국에서는 무당과 판수가 있는데, 무당이 신령을 모시는 사람이라면, 판수는 신령을 부리는 사람이다. 이는 각각 다른 전통에 속한다. 성령의 바텐더들이 무당의 역할을 하는지, 판수의 역할을 하는지 분별할 필요가 있다. 성령의 바텐더는 성령을 자신의 뜻대로 부리는 것이 아니라, 성령에게 순종하며 성령의 능력과 기름부음을 전달하는 사람이 되어야 한다.

(4) 영적 전쟁과 중보기도

신사도 운동에서는 '영적 전쟁'이라는 개념이 중요하다. 이것과 연관되어 '영적 도해'(Spiritual Mapping), '지배권'(dominion), '땅 밟기 기도'(Prayer Walk), '선포 기도', '7대산 정복', '백 투 예루살렘'(Back to Jerusalem) 운동 등이 일어나고 있다.[88]

피터 와그너는 '보이지 않는 세계의 어두운 세력들'이 있다고 주장하며, 이들을 없애기 위해서 '영적 전쟁'을 해야 한다고 주장한다.[89]

---

87) 행크 해너그라프, 『빈야드와 신사도의 가짜 부흥 운동』 379-387쪽.
88) 최윤배, 앞의 글, 144-145쪽.
89) C. Peter Wagner, *Confronting the powers*, 홍용표 역, 『영적 전투를 통한 교회 성장』(서울: 서로사랑, 1997), 46쪽.

그에 따르면, "인간 사회의 조직을 악으로 다스리는 자들마다 초자연적인 악의 존재의 지배를 받고 있다"는 것이다.[90] 따라서 이들을 물리치기 위해서 '영적 전쟁'을 해야 한다는 주장이다.

그에 따르면, 영적 전쟁에는 세 가지 차원이 있는데, 하나는 '국지 차원의 영적 전투'로 사람들로부터 귀신을 쫓아내는 '축사 사역들'이다. 그리고 '주술 종교 차원의 영적 전투'가 있는데, 이는 '사탄 숭배, 샤머니즘, 뉴에이지, 점성술, 사이비 그리스도교' 등과 같이 '조직적인 귀신의 세력'을 다루는 것이다. 마지막으로 '전략 차원의 영적 전투'가 있는데, 이는 '지역적인 귀신들'이 '도시들, 국가들, 이웃들, 산업들, 종교적 충성심' 등으로 인간 사회의 수많은 사람들을 '영적인 포로 상태'로 묶어 두려 하기 때문에 '우주적 차원의 영적 전투'가 필요하다.[91] 피터 와그너는 "복음 전파가 하늘의 영들과의 영적 전쟁의 결과에 의해 좌우된다."고 주장한다.[92] 이런 영적 전쟁에서 승리하기 위해서는 '성령의 전신갑주'를 입어야 한다.[93]

피터 와그너는 영적 전쟁을 효과적으로 하기 위해서는 영적 지역 조사를 통한 '영적 도해'(Spiritual Mapping) 작업이 중요하다고 주장한다. 이를 위해서 생겨난 조직이 '서기 2000년 운동'이다.[94] 이들은 "인간의 삶에 영향을 미치는 하늘의 영적 세력들을 구별하는 것이 중요하다"고 주장하며, 이를 위해서 영적 도해가 필요하다고 설명한다.[95]

---

90) C. Peter Wagner, *Warfare Pray*, 홍용표 역, 『기도는 전투다』(서울: 서로사랑, 1997), 99-100쪽.
91) 피터 와그너, 『영적 전투를 통한 교회 성장』, 23-24쪽.
92) 피터 와그너, 『기도는 전투다』, 53쪽.
93) 위의 책, 144쪽.
94) C. Peter Wagner, *Breaking Strongholds in your city*, 홍용표 역, 『지역사회에서 마귀의 진을 헐라』(서울: 서로사랑, 1997), 13-15쪽.
95) 피터 와그너, 『기도는 전투다』, 69-71쪽.

영적 도해란 '영적 세계의 세력과 사건들'을 '물질적 세계의 장소와 환경들'에 표시한 '지도'라고 할 수 있다. 영적 도해는 '물질 세계의 표면 밑에 있는 것'을 우리가 파악할 수 있도록 도와주는 수단이다.[96)]

영적 도해에 들어가는 내용에는 '역사적 요인들', '물리적 요인들', '영적 요인들'이 있다. 역사적인 요인은 그 지역의 특징과 과거의 고통스러웠던 사건들을 조사하는 것이다. 물리적인 요인은 공원, 기념비, 동상, 술집, 창녀촌, 공공기관 등 사회경제적인 요소들을 조사하는 것이다. 또한 영적인 요인들은 주술 종교나 타종교 시설들을 조사하는 것이다.[97)] 쉽게 설명하자면, 영적 도해는 각 지역에서 사탄의 군대, 어두움의 세력들이 장악하고 있는 장소들을 표시해 놓은 일종의 군사 작전 지도와 비슷하다고 볼 수 있다.

영적 도해에서 중요한 것은 '견고한 진'이다. 견고한 진이란 어둠의 세력이 강하게 자리 잡고 있는 곳을 말한다. 종류로는 '개인의 견고한 진', '마음의 견고한 진', '이념의 견고한 진', '주술의 견고한 진', '사회적인 견고한 진', '도시와 교회 사이의 견고한 진', '사탄의 진', '분파주의적인 견고한 진', '불법의 견고한 진' 등이 있다.[98)] 이들은 교회는 이런 견고한 진들의 공격을 막고 없애기 위해서 '전투적인 기도(warfare prayer)라는 영적인 무기를 사용해야 한다고 주장한다.[99)] 이들이 말하는 전투적인 기도에는 '방패기도'와 '중보기도'가 있으며, 견고한 진을 파괴하기 위해서 '땅 밟기 기도'를 하는데, 이렇

---

96) 피터 와그너, 『지역사회에서 마귀의 진을 헐라』, 35-36쪽.
97) 피터 와그너, 『능력으로 기도하라』, 108-109쪽.
98) 자세한 내용은 피터 와그너, 『지역사회에서 마귀의 진을 헐라』, 98-113쪽 참조.
99) 피터 와그너, 『기도는 전투다』, 53쪽.

게 세분화시키지 않고 이것들을 하나로 묶어서 통상적으로 '중보기도'라고 지칭한다.

신사도 운동 비판가 정이철은 "하나님으로부터 직접 임하는 즉각적인 예언, 환상, 새로운 계시, 하나님이 주신 권세로 싸우는 영적전쟁 등은 신사도 운동 중보기도의 핵심 사상"이라고 평가하기도 한다.[100] 신사도 운동에 따르면, '사탄의 견고한 진'이 무너지지 않으면 그 지역은 각종 범죄와 수많은 악행, 빈곤과 가난, 사회적 부정부패 등에 사로잡혀 있게 되며, 그 어떤 사회 정화 운동이나 복음 전도 프로그램도 소용이 없다는 것이다.[101] 그러나 이렇게 영적 전쟁을 주장하는 사람들이 실제 생활에서는 "성령의 열매를 맺는 정상적이고, 올바르고, 거룩한 삶"을 살아가는 것이 아니라, 오히려 "개인적으로나 공동체적으로 파괴적이면서도 비윤리적인 비정상인"으로 살아가고 있다는 비판이 있다.[102]

5) 신사도 운동의 주요 주장

신사도 운동은 기존 교회의 철저한 개혁을 요구한다. 지금 시대에 맞게 새로운 패러다임으로 전환해야 한다는 주장이다. 그렇다면 그들은 무엇을 어떻게 바꾸려고 하는가? 피터 와그너는 『변화를 위한 지침서』에서 모두 17가지의 변화를 주장했다. 그중에서 열 가지를

---

100) 정이철, 『신사도 운동에 빠진 교회: 한국 교회 속의 뒤틀린 성령 운동』, 368쪽.
101) 피터 와그너, 『기도는 전투다』, 69-71쪽.
102) 최윤배, 「개혁신학의 관점에서 본 신사도 운동의 영성」, 143쪽.

골라서 간략하게 살펴보도록 하겠다.

(1) 인간의 능력이 아닌 성령의 은사

신사도 운동의 가장 기본적인 내용은 바로 성령의 은사를 강조하는 것이다. 칼뱅을 따르는 사람들은 성서의 완성과 함께 '직통 계시, 예언, 치유, 방언 등' 각종 성령의 은사가 중지되었다고 주장하지만, 신사도 운동은 이런 은사중지론에 반대하며, 지금도 성령의 은사는 계속된다는 은사지속론을 주장한다. 성령의 은사는 "하나님의 은혜로 성령님에 의해 주어지는 특별한 자질"을 의미한다. 이 은사는 전통적인 개념의 교회뿐만 아니라, 각자의 일터 교회에서도 적용된다. 각 사람에게 주어진 은사는 다르기 때문에, 각자 자신의 은사를 발견하고 계발할 필요가 있다고 주장한다.[103]

이는 로핑크의 지적과 통하는 점이 있다. 그에 따르면, 예수 그리스도와 그의 제자들, 그리고 초대교회에서 여러 가지 성령의 은사들과 능력들은 중요한 역할을 담당했다. 기적과 표징들은 초기 교회의 본질적인 요소였다. 그러나 지금의 교회는 더 이상 기적이 일어나지 않고, 기적에 대한 이야기를 나누는 사람들도 없어졌다. 시대와 환경의 조건들이 달라진 것은 사실이지만, 그럼에도 불구하고 그리스도인의 공동체들이 진정한 공동체들로 변화된다면, 그곳에서는 기적들이 다시 일어나기 시작할 것이다.[104] 이런 로핑크의 입장에 따르면, 신사도 운동은 교회를 진정한 그리스도교 공동체로 변화시킬

---

103) 피터 와그너, 『변화를 위한 지침서』, 52-69쪽 참조.
104) G. Lohfink, *Wie Hat Jesus Gemeinde Gewollt?*, 정한교 역, 『예수는 어떤 공동체를 원했나』(왜관: 분도출판사, 1996:신정판), 150쪽.

중요한 개혁 운동이 될 수 있다.

한국에서는 보수 장로교로 대표되는 은사중지론자들과 순복음으로 대표되는 은사지속론자들의 논쟁이 계속 진행 중이다. 이 논쟁은 쉽게 끝나지 않을 것이다. 은사중지론자들은 성서 말씀에 충실해야 한다고 주장한다. 그런데 성서에서는 성령의 은사가 중지된다는 주장의 근거보다, 성령의 활동이 지속된다는 입장의 근거들을 더 많이 찾을 수 있다. 성령의 은사는 지금도 지속되고 있으며, 여러 가지 방식으로 나타나고 있다.

신사도 운동을 포함한 성령 운동에서 일어나는 은사와 체험도 있지만, 관상기도 등 영성수련을 통해서도 성령 체험은 일어날 수 있으며, 그 외의 여러 가지 방식으로 은사는 발현될 수 있다. 본 연구자는 신사도 운동이 많은 방식 중의 하나라는 입장이다.

(2) 개혁신학의 성화론이 아닌 웨슬리의 성결론

신사도 운동은 칼뱅의 입장을 주장하는 개혁신학의 성화론에서 웨슬리의 성결론으로 전환할 것을 주장한다. 칼뱅 신학의 주요 교리는 '완전한 타락'이다. 이는 구원받기 이전에는 물론 구원받은 이후에도 마찬가지라는 뜻이다. 다만 구원받은 이후에는 내주하시는 그리스도께서 우리가 죄의 본성과 싸울 수 있도록 도와준다는 것이 다르다. 칼뱅이 말하는 성화는 우리가 죄된 본성을 줄이고 성령의 열매를 늘려 갈 수는 있지만, 완전한 거룩함에는 이를 수 없다는 주장이다. 그러나 웨슬리는 '완전 성화론'을 주장했다. 완전 성화론이란 "그리스도교인은 생각과 말과 행동에서 하나님의 원칙과 뜻에 합당한 삶을 살 수 있다"는 주장이다. 그러나 '죄성 제거설'은 인정하지 않는데, 우리가 죄를 짓지 않고 살 수는 있지만, 그렇다고 죄 지을 가능성이 완전히 사라지는 것은 아니기 때문이다.[105]

칼뱅의 후예인 장로교와 웨슬리의 후예인 감리교는 여전히 신학적으로 대립되는 부분이 존재한다. '전적 타락', '완전 성화', '죄성 제거'에 대한 신학적인 논쟁이 앞으로도 계속될 것이고, 쉽게 결론이 나지는 않을 것이다.

(3) 프로그램 전도가 아닌 능력 전도

신사도 운동에서는 전도를 위한 각종 프로그램에 대해 부정적인 입장을 보인다. 성서에 나타나는 대로 '치유, 기적, 축사로 구성된 초자연적 능력이 동반된 전도', 즉 능력 전도가 프로그램 전도보다 더 우월하고 효과적이라고 말한다. 실제로 지금 전 세계적으로 가장 빠르게 성장하고 있는 교단은 '오순절주의, 은사주의, 신은사주의'라고 불리는 진영인데, 이곳은 모두 능력 전도를 하고 있다.[106] 이는 제자 훈련 등으로 대표되는 지적인 결단보다 성령 체험 등으로 대표되는 감정적인 회심을 더 강조하는 흐름이다. 종교 생활에서 체험이 중요한 것은 사실이지만, 체험만 강조하면 맹신으로 변할 위험이 있기 때문에, 체험은 교회의 전통적인 가르침, 올바른 신학적 훈련과 병행되어야 한다는 비판의 여지가 있다.

---

105) 피터 와그너, 『변화를 위한 지침서』, 174-186쪽 참조.
106) 위의 책, 132-149쪽 참조.

(4) 단일 문화 신학에서 교차 문화 신학으로 변화

신사도 운동이 신학을 바라보는 관점은 "신학은 하나님의 말씀과 하나님의 역사를 합리적이고 체계적인 방식으로 설명하려는 인간의 노력이다."라는 한 문장으로 요약할 수 있다. 또한 신사도 운동에서는 신학도 문화의 산물이라는 것을 인정한다. 다시 말하면, 모든 신학은 그 신학을 표현하는 신학자의 특정한 문화적 영향을 받는다는 뜻이다. 따라서 신학은 변할 수 없도록 만들어진 것이 아니라 유연해야 하며, 접하게 되는 문화가 달라지면 신학도 달라져야 한다는 교차 문화 신학이 신사도 운동의 주요 주장이다.[107]

이런 주장은 뒤에서 살펴볼 천주교의 선교 신학과 같은 입장이라고 평가할 수 있다. 신사도 운동은 미국에서 시작되었기 때문에, 미국의 신학과 미국인들의 정서를 많이 반영하고 있다. 하지만 신사도 운동이 다른 나라로 전파될 때는 그 나라의 문화와 전통, 그 나라 사람들의 정서에 맞도록 유연하게 대응해야 한다는 입장이다.

(5) 교파 체제가 아닌 사도 체제

앞에서 언급했던 것처럼, 신사도 운동이 다른 카리스마적 성령 운동과 구별되는 가장 중요한 핵심은 바로 교회의 구조를 바꾸려는 시도이다. 신사도 운동에서는 민주적인 방식의 교단 체제는 성경의 원리가 아니라 그 시대의 문화적 산물이라고 생각하기 때문에, 지금 시대에 맞게 패러다임의 전환이 필요하다고 주장한다. 신사도 운동에서는 "성령님께서는 집단의 동의보다는 한 사람의 삶과 지도력을

---

107) 위의 책, 112-128쪽 참조.

통해 역사하신다."고 믿는다. 따라서 권위를 가진 사도를 중심으로 새롭게 체제를 만들어 가야 한다고 주장한다.[108]

신사도 운동에서는 교회 체제의 패러다임을 완전히 바꿔야 한다고 주장하는데, 현실적으로 쉽지는 않을 것이다. 교파 체제의 기득권자들이 신사도 운동의 주장에 대해서 반발할 것이라는 사실은 신사도 운동에서도 이미 예상하고 있다. 그러나 신사도 운동이 지속적으로 성장을 한다면, 기존 교파 체제의 교회의 변화에 많은 영향을 줄 것이다. 또한 교파 체제의 교회들은 신사도 운동의 주장을 부분적으로 수용하여, 교파 체제의 부작용을 해소하기 위한 노력을 하게 될 것이다.

(6) 헬라적 사고방식이 아닌 히브리적 사고방식

신사도 운동에서는 사고방식과 세계관의 전환을 주장한다. 지금 우리는 헬라적 사고방식에 익숙해져 있는데, 이것이 오히려 성서를 이해하는 데 방해가 되기 때문에, 성서의 사고방식인 히브리적 사고방식으로 전환해야 한다는 뜻이다. 헬라적 사고방식은 인간중심적이고 도덕적 상대주의의 태도를 보이며, 이원론적인 세계관을 가지고 있다. 그러나 히브리적인 세계관으로 기록된 성서는 하나님 중심이고, 도덕적 절대주의의 입장이다. 또한 플라톤의 영향을 받은 헬라적 사고는 물질 세계와 영적 세계가 구별되는 이원론이기 때문에 중간계는 배제되어 있다. 그 반면에 히브리적 사고방식은, 영적인 것은 물질의 일부이며, 물질적인 것은 영적인 것의 일부이고, 초자연적

---

108) 피터 와그너, 『변화를 위한 지침서』, 196-214쪽 참조.

인 것에는 자연적인 것이 함께 있다는 입장이다. 따라서 신사도 운동에서는 성서에 나오는 여러 가지 초자연적인 사실들을 이해하고 믿으려면 히브리적 사고방식으로 전환해야 한다고 주장한다.[109]

신사도 운동이 주장하는 히브리적 세계관은 '이성적 사고, 과학 중심의 물질문명 시대'를 살아가고 있는 현대인들에게 수용되기 쉽지 않을 것이다. 또한 현대 그리스도교의 신학적 입장과는 상반되는 주장이기 때문에 비판의 여지도 충분하다. 그러나 한국인의 전통적인 종교적 심성과 많은 부분이 일치하며, 현대 한국인들 중에도 이런 종교관을 가지고 있는 사람들이 많이 존재한다.[110] 따라서 히브리적 사고방식으로 변화해야 한다는 신사도 운동의 주장은 찬성과 반대의 입장으로 극명하게 갈라질 것이다. 성령 운동 계열의 신학자들과 성직자들은 신사도 운동의 입장을 수용할 가능성이 높고, 보수 장로교에서는 신사도 운동의 주장을 비판할 가능성이 높다.

(7) 고전 유신론이 아닌 열린 유신론

신사도 운동에서는 '예정설과 제한속죄론'이라는 칼뱅 전통의 고전 유신론이 이제 바뀌어야 한다고 주장한다. "하나님께서는 자신의 마음을 바꾸기도 하는가?"라는 질문에 고전 유신론에서는 "아니다. 하나님께서는 변할 수 없으시다."라는 입장을 보인다. 하지만 신사도 운동에서는 하나님께서는 우리가 간절히 기도하면, 자신의 뜻을 돌이키고 결정을 변경할 수도 있다는 열린 유신론을 주장한다. 고전

---

109) 위의 책, 218-232쪽 참조.
110) 구체적인 근거 자료는 PART 2에 소개된다.

유신론에서는 인간의 노력이나 기도와는 관계없이 하나님은 자신의 뜻대로 하는 것으로 이해하지만, 열린 유신론에서는 인간의 기도에 따라서 하나님께서 뜻을 바꾸기도 하고, 예정에 없던 일을 하시기도 한다는 뜻이다. 더 나아가 "우리가 하지 않으면, 하나님께서도 하지 않으신다."는 입장을 보이기도 한다. 따라서 열린 유신론에서는 기도의 중요성이 더욱 강조된다. 신사도 운동에서 '중보기도'를 강조하는 이유도 여기에 있다.[111]

고전 유신론이 '최적화 우주론'(optimal universe)의 입장이라면, 열린 유신론은 '보호의 우주론'(patronal universe)이라고 말할 수 있다. 한국에서 '최적화 우주론'의 입장에 있는 대표적인 부류는 역술가들이다. 이들은 정해진 운세는 변하지 않으며, 부적이나 주술 등으로 바꿀 수 없다고 주장한다. 그러나 한국 무교에서는 '정해진 운세'와 '신령의 개입'이라는 서로 상반된 개념을 통합시켰다.

김동규는 한국 무교에서 "인간의 운명이나 '운세'는 일정한 규칙에 따라 정해진 것이지만 어디까지나 아직 현실화되지 않은 잠재태潛在態로서의 가치만을 가질 뿐이다."라고 평가한다. 따라서 '운세'가 현실화되는 과정에는 신령이 개입할 여지가 충분하다. '정해진 운세'는 '인간의 노력'과 '신령의 개입'에 따라 변경될 여지가 충분하다는 입장이 한국 무교의 중요한 설득 구조이다.[112]

이를 그리스도교에 적용하자면, 하나님의 정해진 뜻은 분명히 있고 이를 인간에게 계시로 알려주지만, 인간의 간절한 기도와 노력에

---

111) 피터 와그너, 『변화를 위한 지침서』, 236-255쪽.
112) 김동규, 「현대 무속 세계의 설득 구조: '운세'와 '신령'의 결합」, 『한국학 연구』 61(고려대학교 한국학 연구소, 2017), 60-64쪽 참조.

의해 하나님의 뜻과 계획이 변경될 수 있다고 말할 수 있다. 이런 입장이 한국인들에게 더 설득력 있게 다가갈 것이다. 성서에서도 인간의 기도에 의해 하나님이 마음을 바꾼 사례는 충분히 찾을 수 있다.

(8) 교회의 비전이 아닌 하나님 나라의 비전

신사도 운동에서는 그리스도교의 사역이 '지역 교회' 또는 '어느 그리스도교 단체'와의 연계 속에서만 일어나야 한다고 생각하지 않는다. 다시 말해, 교회를 많이 세우고 신자를 많이 늘리는 것이 전부라고 생각하지 않는다. 오히려 이 세상에서 하나님의 나라를 세우는 것이 더 중요하다고 생각한다. 따라서 하나님 나라의 확장을 위해서 노력해야 하는데, 그 방법이 바로 '영적 전쟁'이다. 앞에서 설명한 세 가지 차원의 영적 전쟁을 통해서 이 세상에서 악의 세력을 몰아내고, 하나님의 통치를 선포하는 것이 중요하다.[113]

하나님의 나라를 세운다는 것이 구체적으로 무엇을 의미하는지 충분히 설명하고 있지 않다. 단순히 기도하는 것 이외에 하나님 나라의 확장을 위해서 무엇을 하려고 하는지 구체적으로 제시할 필요가 있다. '영적 전쟁'을 통해 '악의 세력'을 몰아내고 '하나님의 통치를 선포하는 것'은 하나의 공허한 외침으로 그칠 가능성이 있다. 그리스도교를 국교로 하고 모든 국민들이 하나님을 믿는다고 해서 그것이 곧 하나님 나라는 아니기 때문이다. 신사도 운동은 자신들이 그리는 사회의 모습에 대해서 추가적으로 설명할 필요가 있다. 천주교에서 '사회 교리'를 체계적으로 완성한 것처럼, 신사도 운동에서도 영

---

113) 피터 와그너, 『변화를 위한 지침서』, 258-277쪽.

적 전쟁으로 하나님의 통치를 선포한 것으로 그치는 것이 아니라, 자신들의 사회 교리를 체계적으로 수립할 필요가 있다.

(9) 교회 확장이 아닌 사회 개혁

기존의 패러다임에서는 '영혼을 구원하고 교회를 확대하는 것'이 예수님의 지상명령이라고 생각했다. 하지만 신사도 운동에는 "예수 그리스도의 교회를 전 세계로 확장하는 것은 중요한 일이지만, 이는 우리에게 가르쳐 주신 기도의 최종 목적을 성취하기 위한 하나의 단계일 뿐이다."라고 평가한다. 그리고 우리가 예수 그리스도에게서 받은 지상명령은 "아버지의 나라가 오게 하시며, 아버지의 뜻이 하늘에서와 같이 땅에서도 이루어지게 하소서."라는 주기도문의 내용이라고 주장한다. 따라서 우리는 이 세상에서 하나님의 나라를 건설해야 하며, 하나님의 뜻에 맞도록 이 사회의 사상과 제도를 개혁해야 한다고 주장한다.[114]

그러나 이를 위한 구체적인 방법을 제시하지는 않는다. 신사도 운동은 사회의 여러 가지 부조리와 구조적 모순을 '악한 영'들의 책임으로 돌리려는 경향이 크기 때문에, 사회 변화를 위한 기도를 강조한다. 물론 세상의 변화를 위해서 기도하는 일은 중요하다. 그러나 단지 기도하는 것으로 그치는 것이 아니라, 구체적인 실천과 행동이 필요하다. 이를 위해서는 그리스도교 사회 운동 계열이나 해방신학에서 도움을 받을 필요가 있다.

---

114) 피터 와그너, 『변화를 위한 지침서』, 300-315쪽.

(10) 가난의 영이 아닌 번영의 영

전통적으로 교회는 가난해야 한다고 생각해 왔다. 하지만 신사도 운동에서는 이를 마귀의 간계라며 거부한다. 청빈한 태도가 바람직하다고 생각하는 것은 헬라적 사고의 영향이다. 헬라의 이원론은 물질적인 세계와 영적인 세계를 분리하여, 영적인 것은 우월하고 물질적인 것은 열등하다고 생각했다. 따라서 진정으로 영적인 사람은 물질적인 부를 추구하지 않고 청빈한 삶을 사는 것이 경건을 증명한다는 입장이다. 그러나 신사도 운동에서는 속이는 '가난의 영'을 몰아내고, '번영의 영'인 하나님이 그 자리를 다시 회복해야 한다고 주장한다. 또한 하나님의 나라를 확장하기 위해서 재물을 얻을 능력을 주셨다는 것을 믿고, 그 재물을 사용하여 사회를 개혁하는 것이 그리스도교적인 태도라고 주장한다.[115]

이는 미국식 자본주의와 그리스도교의 혼합이라고 비판받을 수 있다. 그리스도교의 성찰과 자성을 요구하면서 "교회는 그리스로 이동해 철학이 되었고, 로마로 옮겨가서는 제도가 되었다. 그 다음 유럽으로 가서 문화가 되었다. 마침내 미국으로 왔을 때 교회는 기업이 되었다." 그리고 "한국으로 와서는 대기업이 되고, 목회자에게 권력이 되었다."라는 비판의 소리를 내는 사람들이 있다.[116] 이런 비판에서 신사도 운동의 번영 신학은 자유로울 수가 없다. 그리스도교 신앙의 목적이 번영 자체에 있는 것은 아니기 때문에, 신사도 운동은 무엇을 위한 번영인지, 그 번영을 통해 구체적으로 사회를 어떻게 개혁하려고 하는지에 대한 답을 주어야 한다.

---

115) 위의 책, 358-375쪽.
116) 박순영, 『지는 해가 아름다운 곳』(서울: 신앙과지성사, 2015), 40쪽.

또한 인간의 번영과 발전을 위해서 생태계가 파괴되고 있는 상황은 하나님의 창조 질서에 어긋난다는 비판이 있을 수 있다. 따라서 번영이 과연 예수 정신에 부합하는지, 예수는 교회가 어떤 공동체가 되기를 원했는지, 인간의 번영과 생태계의 보존은 어떻게 조화를 이룰 수 있는지, 신사도 운동에서는 추가적으로 연구할 필요가 있다.

3
한국의 신사도 운동

1) 한국의 신사도 운동 현황

신사도 운동의 중심인물인 피터 와그너는 세계적으로 유명한 교회 성장학자였다. 그가 강의했던 풀러 신학교는 한국 학생들이 많이 유학 가는 곳이라서 자연스럽게 한국 교회에 영향력을 미치기 시작했다. 그러나 신사도 운동이 한국에 본격적으로 도입된 것은 2000년대 초반이다. 이때부터 피터 와그너의 책들이 한국에 번역되기 시작했으며, 피터 와그너가 한국 교회의 초청을 받아서 여러 차례 집회를 인도하기도 했다. 이를 계기로 신사도 운동이 한국 교회에 직접적으로 소개되고 널리 확산되었다. 또한 한국에 신사도 운동 관련 조직들이 구성되면서, 신사도 운동의 주요 인물들을 초청하여 강의 및 집회를 열었고, 그들의 책을 번역하여 출판하면서 신사도 운동이 한국 교회에 많이 퍼져나갔다.[117] 이들은 성장이 멈춘 한국 교회를 다시 회생시킬 수 있는 좋은 대안이 바로 신사도 운동이라고 주장하

---

117) 배덕만, 「신사도개혁 운동, 너는 누구냐?」, 105-106쪽.

면서, 자신들의 영역을 계속해서 확장해 가고 있다.[118] 배덕만은 한국의 신사도 운동에 대해서 아래와 같이 평가한다.

"무엇보다, 신사도 운동이 빠르게 세력을 확장하고 있다. 비록 신사도 운동에 대한 비판과 의혹도 증가하고 있지만, 그런 주변의 반응이 신사도 운동의 무서운 성장에 별다른 영향을 끼치지 못하는 것으로 보인다. 오히려 그런 반대 때문에 신사도 운동의 내적 결속력이 강화되는 것 같다. WLI Korea, 한국 HIM선교회, CI Korea, 한국아이합, 영동제일교회, 큰믿음교회, 하베스트샬롬교회 같은 신사도 운동의 대표적 기관들의 성장 속도는 대단하다. 예를 들어 1995년에 개척된 큰믿음교회의 경우, 2013년 현재 국내에 34개 교회와 해외에 7개 교회를 거느리고 있으며, CI와 자매결연을 맺고 1998년에 개원한 아가페신학연구원도 이미 국내와 해외에 15개의 분교를 개척했다. 이렇게 신학 교육 기관과 교회들을 통해 국내의 신사도 운동이 급성장하고 있으며, 수많은 집회와 출판물을 통해 자신의 영향력을 대중적으로 확대하고 있다. 이들은 자신들을 공격하는 사람들에게 자신들의 입장을 적극적으로 변호하면서 강력한 반격을 가한다."[119]

이렇듯 한국에서 신사도 운동이 급속하게 성장하고 있다. 한국 교회가 전체적으로 성장이 멈추고 교세가 줄어들고 있는 상황에서 신사도 운동의 성장은 주목할 만하다. 세속화 시대에는 반작용으로 오

---

118) 양현표, 「개혁주의 관점에서 본 신사도개혁 운동」, 『개혁논총』 30권(개혁신학회, 2014), 230쪽.
119) 배덕만, 앞의 글, 110-111쪽.

히려 영적 갈망을 가진 사람들이 늘어나고 있는데, 기존 교회에서는 그들의 요구를 충족시켜 주지 못하기 때문에 많은 사람들이 교회를 떠나고 있는 상황이다. 이들에게 강한 영적 체험과 신앙적 확신을 주는 신사도 운동은 좋은 대안이 된다. 신사도 운동에 대해서 비판적인 의견을 표현하는 입장들도 있지만, 신사도 운동의 영향력은 시간이 갈수록 더욱 커질 것이다.[120]

앞에서 언급한 사례들 외에도 한국에서 신사도 운동은 다양한 양태를 보이는데, 그들이 실제로 신사도 운동인지 아닌지에 대한 논란의 여지도 있다. 여기서 그 모든 것을 다룰 수는 없기 때문에 『신사도 운동에 빠진 교회: 한국 교회 속의 뒤틀린 성령 운동』에서 정이철이 언급한 내용을 소개하겠다. 그에 따르면, 치유사역으로 유명한 손기철 장로, 『하나님의 대사』라는 책으로 유명해진 김하중 장로, 이스라엘 회복 운동(KIBI, Korea-Israel Bible Insitute)의 송만석 장로, 인터콥의 최바울 선교사, 에스더 기도 운동의 이용희 교수 등이 있다. 이들이 공식적으로 인정하지 않는 한 신사도 운동이라고 단언할 수는 없지만, 정이철은 이들의 활동이 신사도 운동의 영향을 받았거나 신사도 운동과 유사하다고 평가한다.[121]

---

120) 위의 글, 113쪽.
121) 여기에 대한 더 자세한 내용은 정이철, 『신사도 운동에 빠진 교회: 한국 교회 속의 뒤틀린 성령 운동』 255-455쪽 참조.

2) 신사도 운동에 대한 비판

신사도 운동에 대한 한국 교회의 평가와 반응은 두 가지 상반된 입장으로 엇갈린다. 한쪽에서는 "이렇게 번성하고 있는 신사도 운동이 과연 성경적인 교회 운동인가"라는 우려와 비판의 목소리를 낸다. 주로 개혁주의 신학과 복음주의적인 입장에 있는 교회들은 "성경의 권위를 무너뜨리는 일종의 사이비"라고 신사도 운동을 규정하고 있다. 반면, "신사도 운동이야말로 거스를 수 없는 성령의 사역"이라고 강력하게 주장하면서 신사도 운동을 옹호하는 사람들도 있다. 이들은 성령의 자유로운 사역을 제한하는 것은 옳지 않다고 주장하면서, 신사도 운동을 적극적으로 추진하려고 한다.[122]

우선 신사도 운동을 비판하는 사람들의 입장을 정리하고, 그 이후에 옹호하는 입장에 대해서 다루기로 하겠다. 신사도 운동에 대해서 여러 가지 비판들이 있는데, 최윤배는 그것들을 아래와 같이 정리했다.

"첫째, 신사도 운동의 사도직과 선지자직의 역사적歷史的 회복의 영성은 역사적歷史的 보편 기독교회의 권위를 전적으로 부정하는 결과를 낳는다.

둘째, 신사도 운동의 '직통 계시'의 영성은 하나님의 말씀과 계시로서의 정경正經의 절대성을 완전히 파괴하는 결과를 낳는다.

셋째, 신사도 운동의 비성경적 성령론은 교회와 그리스도인의 비정

---

122) 양현표, 「개혁주의 관점에서 본 신사도개혁 운동」, 230쪽.

상적, 비윤리적 삶을 초래케 한다.

넷째, 신사도 운동의 잘못된 구원과 선교 방법은 교회와 그리스도인의 구원관과 선교관을 오도誤導한다.

다섯째, 신사도 운동의 신학과 성경에 대한 몰이해는 교회와 그리스도인으로 하여금 반反신학적, 비성경적 사고로 유도誘導한다.

여섯째, 신사도 운동의 문제된 은사, 기도, 선교 운동으로부터 교회와 그리스도인은 성경에 기초한 올바른 은사 운동, 올바른 기도 운동, 올바른 선교 운동을 적극적으로 전개해야 할 역사적 큰 책임감을 갖게 된다."[123]

이런 비판들에 대해서 신사도 운동을 주장하는 사람들은 다시 한 번 신중하게 고민하고, 스스로를 돌아보면서 반성하고, 오해의 여지가 있는 부분은 해명할 필요가 있다. 신사도 운동에 대한 비판들 중에서 중요한 내용을 좀 더 자세히 살펴보도록 하겠다.

(1) 신사도 운동은 역사적 보편교회를 부정한다

정이철과 최윤배는 신사도 운동이 역사적 보편교회를 부정한다고 아래와 같이 비판한다.

"신사도 운동은 소위 '두 날개'로 불리는 사도직과 선지자직의 역사적歷史的 회복과 부활을 주장한다. 신사도 운동에 의하면, 하나님께서 에베소서 4장 11절의 말씀대로 오중五重 직분(사도, 선지자, 복음 전하는

---

123) 최윤배, 「개혁신학의 관점에서 본 신사도 운동의 영성」, 149쪽.

자/복음 전도자, 목사, 교사)을 교회에 허락하셨지만, 세속화된 교회들과, 교권으로 횡포를 휘두르는 교회 지도자들이 자신들의 특권을 유지하기 위해 사도들과 선지자들을 교회사 속에서 사라지게 했으나, 하나님께서 종말의 대추수기大秋收期를 맞이하여 신사도 운동을 통해 새 사도들과 선지자들을 세우신다."[124]

"결국 신사도 운동은 약 2000년간 그리스도 교회가 사도직과 선지자직을 교권을 위해 일방적으로 폐기하고, 이 두 직분을 유지하지 못했다고 주장함으로써, 역사상의 보편 그리스도 교회의 권위를 전적으로 부정하는 셈이 된다."[125]

이렇게 신사도 운동을 비판하는 주장이 있지만, 사실 신사도 운동이 기존의 보편교회를 부정하는 것은 아니다. 피터 와그너는 "하나님은 전통적인 교단들을 사랑하신다. 그들도 역사의 어느 부분에서는 새 부대였다."라고 말했다.[126] 그 당시에는 그 제도가 필요했으나, 지금은 시대가 바뀌었기 때문에 새로운 교회론을 세워야 한다는 입장이다. 지금까지 있었던 교회를 부정하는 것은 아니다.

이미 앞에서 언급한 대로, 피터 와그너가 말하는 개혁은 '믿음의 개혁'이 아니라 '방식의 개혁'이다. 16세기의 개혁이 부패하고 신앙을 저버린 교회에 대한 반발로 일어났다면, 현재의 개혁은 시대에 맞지 않는 '부적절함' 때문이다.[127] 복음의 본질을 바꾸자는 것이 아니라,

---

124) 정이철, 『신사도 운동에 빠진 교회: 한국 교회 속의 뒤틀린 성령 운동』 75쪽.
125) 최윤배, 「개혁신학의 관점에서 본 신사도 운동의 영성」 136쪽.
126) 피터 와그너, 『오늘날의 사도』 219쪽.
127) 피터 와그너, 『교회의 지각변동』 51-52쪽.

그 본질을 포장하고 제시하는 방법에 혁신적인 변화가 필요하다는 뜻이다.[128] 따라서 "신사도 운동은 역사적 보편교회를 부정한다."는 비판은 신사도 운동을 제대로 이해하지 못해서 생긴 오해라고 볼 수 있다.

(2) 신사도 운동은 성경의 절대성을 부정한다

최윤배는 신사도 운동이 성경의 절대성을 부정한다고 아래와 같이 비판한다.

> "신사도 운동은 신新 사도와 선지자는 오늘날 하나님으로부터 직접적으로 '예언'을 받아서 예언할 수 있다고 주장함으로써, 소위 '직통 계시'를 인정하는 셈이 된다. 2000년 교회사 속에서, 특히 몬타누스(Montanus) 이단(異端)에게서 발견되는 '직통 계시' 사상은 '하나님의 말씀과 계시'로서의 정경의 절대적 권위를 훼손하고 파괴하는 사상이다. 칼뱅에 의하면, 오늘날 교회와 그리스도인은 성경 이외의 '새로운 계시'를 받을 것이 아니라, 성령의 내적 조명을 통해서 성경을 읽고, 교회에서 목회자의 설교를 경청함으로써, 구약의 예언자들과 신약의 사도들의 말씀에 동일하게 머물러 있어야 한다."[129]

오늘날에도 계시가 존재하는지에 대해서는 입장 차이가 있다. 칼뱅의 입장을 따르는 장로교 계열에서는 '은사중지론'을 지지하기 때

---

128) 위의 책, 40쪽.
129) 최윤배, 「개혁신학의 관점에서 본 신사도 운동의 영성」, 137-138쪽.

문에 계시의 가능성을 인정하지 않는다. 하지만 '은사지속론'을 지지하는 오순절 계열에서는 여전히 계시의 가능성을 거부하지 않는다. 또한 천주교에서도 '사적 계시'를 거부하지 않는다. 따라서 이 비판은 개혁주의 입장에서만 의미가 있을 뿐이다.

또한 성서의 절대성에 대해서도 각 교단마다 입장이 다르다. '축자영감설'과 '성서무오설'을 인정하지 않고, '성서비평방법론'을 사용하는 입장에서는 성서는 '절대적인 계시'가 아니라 '해석학적'으로 바라볼 필요가 있다고 주장한다. 따라서 성서의 절대성을 부정한다는 비판도 합동, 합신, 고신으로 대표되는 보수신학의 입장에서만 의미가 있을 뿐이다. 더구나 피터 와그너는 스스로를 '복음주의자'라고 분류하며, "성경이 최종적인 권위를 갖고 있음에는 이론의 여지가 없다."고 강조한다.[130] 따라서 신사도 운동이 성경의 절대성을 부정한다는 비판 역시 오해에서 비롯된 것이다.

(3) 오늘날 사도는 존재할 수 없다

최태영은 오늘날에는 사도가 존재할 수 없다고 주장하며 아래와 같이 신사도 운동을 비판한다.

"오늘날 사도는 있을 수 없다. 따라서 신사도 운동에서 말하는 사도는 성경이 가르치는 사도가 아닌 것이다. 와그너의 주장과는 달리 오늘날에는 사도가 있는 것이 아니라, 사도적 사명이 있다."[131]

---

130) 피터 와그너, 『제3의 바람』 27쪽.
131) 최태영, 「피터 와그너의 신사도 개혁 운동에 대한 비판적 고찰」 173-178쪽.

개혁신학의 입장에서는 오늘날 사도가 존재할 수 없다는 주장이 타당하다. 그러나 역사적 주교제를 통한 '사도 계승'을 중요하게 생각하는 천주교나 성공회에서는 다르게 해석할 수 있다. 또한 '사도적'이라는 말이나 '사도적 사명'이라는 개념도 입장에 따라서 다양하게 해석될 수 있다.

따라서 '오늘날에도 사도가 존재할 수 있는가? 존재한다면 사도는 어떤 방식으로 권위를 부여받고, 그 권위를 행사하는가?'라는 질문에 대한 대답은 각 교파의 신학적 입장에 따라 달라질 수밖에 없기 때문에, '오늘날 사도는 존재할 수 없다'는 비판은 일부 교파에서만 의미가 있다.

3) 신사도 운동에 대응하는
한국 교회의 과제

한국 교회에서 신사도 운동이 일어나게 된 이유는 그리스도교 계열의 신종교들이 생겨난 이유와 크게 다르지 않을 것이다. 지금 한국의 사회적인 상황들, 한국인의 종교적인 심성들도 영향을 주기는 했지만, 그보다는 기존 교회들이 종교적인 기능을 제대로 하지 못하고, 세속화와 물질주의에 빠진 것에 대한 불만과 불신이 원인이 되었다고 볼 수 있다. 앞에서 살펴본 바에 따르면, 기존 교회들의 모습은 "성령의 은사가 부족하여 무력해진 교회, 성령의 열매가 없어 사랑의 실천이 부족하고, 미성숙한 교회, 기도와 선교 열정을 잃어버린 교회"이다. 여기에 대한 반작용으로 신사도 운동이 일어났다고 볼 수

있다.[132]

　신사도 운동의 확산 속에 한국 교회가 대응할 수 있는 방법은 세 가지이다. 첫 번째 방법은 주로 개혁주의 계열에서 선택할 수 있는 방법으로, 신사도 운동을 비롯하여 모든 카리스마적 성령 운동을 거부하고 부정하는 방법이다. 두 번째는 주로 오순절 계열에서 선택할 수 있는 방법으로, 신사도 운동을 대체할 수 있는 다른 성령 운동을 새롭게 시작하는 방법이다. 마지막으로는 신사도 운동에 대해서 호응하는 사람들이 선택할 수 있는 방법으로, 지금까지 제기된 신사도 운동에 대한 여러 가지 비판들이나 부정적인 평가를 수용하여, 오해가 있는 부분은 해명하고, 신사도 운동이 보완해야 할 내용들을 추가적으로 연구하고 반영하여, 한국 교회 안에 제대로 정착할 수 있도록 하는 방법이다.[133]

---

132)　최윤배, 「개혁신학의 관점에서 본 신사도 운동의 영성」, 147쪽.
133)　같은 글.

PART 2

신사도 운동,
과연 무속신앙인가?

1
한국인의 종교적 심성이
그리스도교에 미친 영향

한국인의 종교적 심성에 많은 영향을 끼치는 종교는 바로 무교(샤
머니즘)이다. 따라서 무교에 대한 깊은 연구와 이해를 한다면, 그리스
도교가 한국에 제대로 뿌리 내리고 '한국의 그리스도교'로 토착화하
는 데 큰 도움이 되리라고 기대한다.[134] 그러나 그리스도교의 토착
화에 그쳐서는 안 되며, 한국의 종교 문화를 더욱 비옥하게 만드는
데 기여해야 한다. 이를 위해서는 그리스도교 중심주의나 우월주의
에서 벗어나야 하며, 그리스도인으로서의 정체성이 아니라, 한국인
의 정체성으로 한국의 종교 문화를 바라볼 필요가 있다.[135]

그러나 지금까지 한국의 그리스도인들은 한국의 전통 종교와 문
화와 전통, 특히 무교에 대해서 거부와 배척의 모습을 보여 왔다. 이
는 우월주의에 빠져 있던 서구 선교사들의 영향과 성리학자 출신의
초창기 그리스도인들이 한국의 전통적인 종교들을 무시하고 부정하
던 가르침이 교리화되어 지금까지 전해졌기 때문이다. 한국의 그리
스도교는 한국인의 전통적인 종교적 심성과 신앙을 기복신앙이나

134) 박일영, 「무속과 그리스도교의 교류」, 『종교연구』 8(한국종교학회, 1992), 88쪽.
135) 이찬수, 「한국 그리스도교 연구, 얼마나 한국적인가?」, 『종교연구』 21(한국종교학회, 2000), 155쪽.

현실도피적인 모습 등 부정적인 내용을 부각시키며 무시하거나, 더 나아가 소멸해야 하는 대상으로 생각하는 경향이 있다. 그럼에도 불구하고 한국인의 종교적 심성은 그리스도교 신앙 안으로 녹아 들어왔으며, 한국 교회에 많은 영향을 미쳤다.[136]

1) 에토스와 파토스 차원에서의 영향

한국인의 종교적 심성이 그리스도교에 어떤 영향을 미쳤는지에 대해서는 에토스와 파토스, 로고스의 영역으로 구분해서 살펴볼 필요가 있다. 아리스토텔레스가 수사학에서 사용한 '로고스'(logos), '파토스'(pathos), '에토스'(ethos)를 종교에 적용하자면, '교리와 신학'을 로고스라고 볼 수 있고, '개인의 종교적 체험과 감정적인 요소'를 파토스라고 할 수 있다. 또한 전통적으로 지켜온 '종교적인 관습'을 에토스라고 볼 수 있다. 인간은 이성과 감정을 함께 지녔으며, 집단의 문화를 형성하고 이를 후대에 전수하는 능력을 가지고 있다. 종교 역시 이 세 가지 차원으로 구성된다고 말해도 과언이 아니다.[137]

한국의 각 종교들은 로고스 차원에서는 서로 구별이 되고 상충되기도 하지만, 에토스와 파토스 차원에서는 공통점이 많다. 이는 한국인의 종교적 심성이 각 종교의 수용 과정에 영향을 미쳤기 때문이다.

---

136) 박일영, 『한국의 종교와 현대의 선교』(서울: 가톨릭출판사, 2008), 136-141쪽.
137) 현요한, 「한국 토착화 신학에 있어서 혼합주의의 문제」, 『장신논단』 13(장신대 기독교사상과 문화 연구원, 1997), 187쪽.

한국에서 태어나고 자라나서 한국의 문화를 배경으로 하는 사람들에게 수용된 그리스도교는 원하든 원하지 않든, 서구의 그리스도교와는 다른 모습으로 한국적으로 토착화가 이루어지고, 자연스럽게 문화적 적응을 하게 된다. 토착화를 원하지 않아도 무의식적으로 한국인의 종교적 심성에 영향을 받게 되는데, 이 경우에는 주로 에토스와 파토스 차원에서의 토착화가 이루어진다.

구체적인 예로 한국 그리스도교의 특징인 '기복신앙, 새벽기도, 열광적인 성령 운동'은 무교의 영향을 강하게 받은 것이 분명하다. 그러나 이것들은 에토스와 파토스 차원에서의 영향이다. 무교와 유사하다는 평가를 받고 있는 개신교 성령 운동 계열에서는 오히려 무교의 신령들을 잡귀신이나 악령으로 폄하하며, 조상 제사나 전통 종교에 적대적인 모습을 보인다. 이들의 종교적인 성향이나 신앙생활의 방법은 무교와 유사한 점을 보이나, 교리적으로는 정통적인 그리스도교의 신앙고백을 한다. 따라서 로고스적으로는 무교의 영향을 받지 않았다고 볼 수 있다.[138]

따라서 무교가 한국 그리스도교 신자들에게 미친 영향은 주로 에토스와 파토스 차원이라고 볼 수 있다. 이는 열광적인 성령 운동과 현세 기복적인 신앙 방식으로 나타난다.

---

138) 위의 글, 187쪽.

2) 열광적인 성령 운동

불교와 유교 같은 외래 종교가 우리나라에 들어왔을 때, 그 종교들은 샤머니즘을 근간으로 하는 한국 고유의 종교인 무교를 불교화 또는 유교화하여 자기 편으로 끌어들이지 않고, 오히려 그 종교들이 샤머니즘화되었다. 이런 현상은 그리스도교에서도 마찬가지였다.[139)

무교의 주요 특징인 샤머니즘은 '황홀경'(Trance)과 '접신'(possession, 신들림), '몰아경'(ecstasy)을 특징으로 하는데, 한국 교회에서 자주 나타나는 방언과 입신이 유사한 모습을 보인다. 방언은 성령을 받아 하나님과 대화를 하는 것으로 믿는데, 이는 황홀경-접신과 유사하며, 신자들의 영혼이 영적인 세계로 올라간다고 믿는 입신 현상은 황홀경-몰아경과 유사하다.[140)

한국 개신교의 예배는 열광적으로 통성기도를 하거나, 힘차고 신나는 찬양을 하면서 '성령 충만'에 들어가기를 추구하는 경향이 있는데, 이는 샤머니즘의 신들림에 익숙한 한국인의 종교적 심성이 반영된 것이라고 볼 수 있다.[141) 또한 기도원에 들어가서 금식기도, 철야기도 등을 하면서 신에게 헌신하면, 자신들이 처한 문제들이 해결될 것이라는 희망을 갖는 것도 무교에서 신령에게 정성을 바쳐서 치병이나 소원 성취를 이루려는 것과 비슷하다.[142)

그래서 그리스도교는 샤머니즘과 타협했을 뿐만 아니라, 오히려

---

139) 최준식, 『한국 종교 이야기』(서울: 한울, 1995), 63쪽 참조.
140) 김태곤, 「한국 샤머니즘의 정의」, 김열규 외, 『한국의 무속문화』(서울: 박이정, 1998), 14-15쪽.
141) 돈 베이커, 『한국인의 영성』(서울: 모시는 사람들, 2012), 164-165쪽.
142) 위의 책, 275쪽.

무교의 여러 요소들을 받아들여, 겉은 그리스도교인데 속은 완전히 무교가 되었다는 비판이 있다.[143] 성령 운동에 대해 부정적인 시각을 가진 사람들은 "순복음교회 신도들의 기도가 샤머니즘에서의 기구祈求와 형태뿐 아니라 내용에서도 사실상 동일하다."고 비판한다. 다른 말로 하면, "성령의 이름으로 무속 행위를 하고 있다."는 뜻이다.[144] 심지어 순복음교회의 어느 목사는 목사가 아니라 양복 입은 박수무당이라고 폄하하는 사람들도 있다.[145]

이렇듯 샤머니즘이 한국 교회에 미친 영향들에 대한 부정적인 평가가 많다. 여기서 우리는 두 가지를 다시 생각해 보아야 한다. 우선 그것이 정말 무교의 영향인가? 그리고 그것들이 과연 부정적이기만 한 것인가?

우선 성령 운동이 정말 무교의 영향으로 일어났는지에 대한 의심에 성령 운동가들은 "성령 운동은 유일신 신관에 근거한 영적 운동이지만, 샤머니즘은 이원론적 범신론에 근거한 사령 운동이며, 성령 운동은 성령에게 경배하지만, 샤머니즘은 정령을 이용하는 우상숭배이고, 성령 운동은 그리스도를 유일한 중보자로 삼지만, 샤머니즘에서는 샤먼이 중보자"라고 선을 그으며, 자신들은 절대로 샤머니즘이 아니라고 주장한다.[146] 따라서 교리와 신학적으로는 무교의 영향을 부정할 수 있다.

그러나 한국에서 성령 운동이 폭발적으로 성장한 배경에는 한국

---

143) 최준식, 『한국 종교 이야기』, 63쪽 참조.
144) 이진구, 「샤머니즘을 보는 개신교의 시선」, 『기독교사상』 698(대한기독교서회, 2017), 63쪽.
145) 최준식, 앞의 책, 63쪽 참조.
146) 이진구, 앞의 글, 63쪽.

인의 종교적 심성 안에 있는 무교적인 심성의 영향이 없다고 단언할 수 없다. 교리적인 부분에서는 구별할 수 있지만, 체험적인 요소는 유사성이 많으며, 무교에 익숙한 한국인의 종교적 심성은 이미 성령 운동을 받아들일 준비가 되어 있었다고 볼 수 있다. 한국인들의 파토스 안에는 강렬한 종교 체험을 추구하는 경향이 있기 때문이다.

3) 현세 지향적인 기복신앙

성령 운동이 활발하게 일어나게 된 배경으로는 한국인의 종교적 심성 외에도 사회적인 상황의 영향을 찾아볼 수 있다. 한국이 산업화되면서 소외 계층은 내세 지향적이고 비지성적인 신앙 형태, 즉 열광적인 신앙 형태를 갖게 되었다. 이들은 비록 현실에서는 소외된 상태로서, 경제적으로 빈곤하고 정치적으로 억압받고 사회적으로 천대받고 있을지라도, 종교적 신앙을 통하여 내세에서는 누구보다도 더 나은 위치에 설 수 있다는 확신을 가지게 되었다. 따라서 이들의 종교적 태도는 현실적인 관점에서 볼 때 기복적이고 열광적일 수밖에 없게 된다.[147]

또한 한국인들의 현세 지향적인 태도는, 그리스도교의 신앙도 '구원'이나 '하나님의 나라'라는 그리스도교적인 지향보다는, 이 세상에서 축복 받는 데 더 많은 관심을 갖도록 만들었다. 이는 신앙생활을 잘하면 영적인 축복뿐만 아니라 경제적인 축복과 육체적인 축복도

---

147) 윤승용, 『현대 한국 종교 문화의 이해』(서울: 한울아카데미, 1997) 258-259쪽 참조.

얼을 수 있다는, 이른바 '3박자 축복'으로 대표된다. 수많은 기도원들이 있고, 그곳에서 많은 사람들이 기도를 하는데, 그 동기 역시 그들의 현세적인 문제들이 해결되기를 바라는 것이 대부분이다.[148]

한국적인 영성의 목표는 자신의 한계를 초월하는 것이다. 한국인들은 자신보다 더 강력한 보이지 않는 힘과 관계를 맺으면서 목표를 성취하려고 한다. 개인적인 한계를 초월하기 위해서 초자연적인 존재와 힘을 합하여 이 세계의 문제를 넘어서려고 한다.[149] 무교에 의지했던 한국인들이 그리스도교를 수용하면서, 기도의 대상은 바뀌었지만 기도의 내용은 그대로 유지된 것이다. 형식은 그리스도교이지만, 그 내용과 목적은 무교와 별 차이를 보이지 않는다. 그리스도교의 기본 정신인 '하나님의 나라와 하나님의 의'를 위해서 기도하는 경우보다는, '육신의 건강', '물질적인 축복', '사회적인 성공' 등을 위한 기도가 더 많은 비중을 차지한다. 그래서 이런 기복신앙에 대해 아래와 같이 비판하는 사람도 있다.

"그리스도의 복음에서 하나님 나라와 그의 의를 희구하는 사회적이며 역사적인 차원을 배제하고, 복음을 '복리'와 '축복'으로 환원시켜 단순화한 '탈지성주의'는 기독교 신앙의 정수를 오해하거나 왜곡시키는 것이라고 비판한다. 결국 성령의 이름으로 무속 행위를 하고 있다는 비판이다. 다시 말하자면 '신흥 성령 운동'은 한국적 샤머니즘의 종교적·문화적 기능과 영합함으로써 현세적이며 세속적인 물질주의 욕

---

148) 돈 베이커, 『한국인의 영성』 274-275쪽.
149) 위의 책, 100쪽, 125쪽.

망 확대에 기여하고, 나아가 소비 지향적 자본주의 경제 체제와 이를 뒷받침하는 체제에 순응하고 적응하게 하는 '탈정치적' 경향으로 흘렀다는 것이다."[150]

그러나 이런 비판들에 대해 박일영은 다음과 같이 반박한다.

"한국 그리스도교가 가진 또 하나의 문제점으로는 현세 지향적인 기복이 문제라고 야단들이다. ……필자의 생각은 좀 다르다. '예수 믿고 복 받아서 천당 가자'는 식의 내세 지향적 종교 성향은 그리스도교 역사에서 볼 때 교회가 오랜 시련과 박해 시기를 지나 드디어 로마 제국의 국교가 되고 종내는 중세의 유럽을 정치적으로 장악하게 되었을 때, 즉 세속 권력과 결탁하여 특권을 누리게 되었을 때, 민중들을 길들이고 순응하도록 만드느라 개발되고 강조된 논리이기도 하다. 억울하고 힘든 현실을 근원적으로 해결해 주어 인간답게 살도록 해주는 것이 종교의 본래 사명임은 예수의 '하나님 나라 운동'에서도 명백한데, 권력의 맛을 잘못 들인 그리스도교는 오랫동안 그렇게 못 했다. 현실적인 삶의 문제들을 올바로 해결해 주고 모순된 삶의 고통스러움에 대해 근본적인 치료제(구원)를 주는 대신, 잠시 지나가는 찬류세상(竄流世上), 잠깐만 참고 견디면 영원한 복락을 누리는 천당을 가게 된다는 주장을 펼침으로써, 현실도피적인 진정제(아편) 노릇을 한 것이 어느 면으로는 실제로 교회의 모습이기도 했다."[151]

---

150) 이진구, 『샤머니즘을 보는 개신교의 시선』, 63쪽.
151) 박일영, 『한국 무교와 그리스도교』(왜관: 분도출판사, 2003), 85쪽.

이처럼 현실의 어려운 문제들을 종교를 통해서 극복하려는 시도
는 종교의 보편적인 현상이며 기본적인 기능이다. 이런 그들의 희망
을 폄하하고, 힘들게 살아가는 민중들의 절박한 심정을 이해하지 못
하는 태도가 오히려 더 문제이다. 종교는 민중들에게 힘든 세상을
견뎌 낼 수 있는 버팀목 역할을 하고, 사회의 구조적 모순을 극복하
고 새로운 세상을 향해 나아가게 하는 디딤돌이 되어야 한다. 전통
적인 한국인들의 에토스는 종교를 통해 현실의 고통과 문제를 견디
고 해결하려는 경향을 보여 왔다. 그리고 이런 종교적 요구에 가장
충실하게 대응했던 종교는 무교이다.

2

무교와 신사도 운동의 비교

    우리나라는 오랜 시간 동안 다종교 상황이 지속되었고, 갈등보다는 관용과 조화를 이룬 특징을 보인다. 새로운 종교가 유입되었을 때도, 기존 종교를 버리고 그 종교로 개종하기보다는, 기존의 종교 체계 안에 그 종교를 추가하는 가종加宗의 형태를 보인다. 한국인의 생활과 문화, 가치관은 다양한 종교가 혼합된 모습을 보이지만, 그 중에서 가장 밑바탕이 된 종교는 무교이다. 따라서 그리스도교가 한국인의 정서 안으로 들어오기 위해서는 무교에 대한 연구가 필요하다. 신사도 운동도 예외는 아니다.

    어느 종교에서든 성직자의 역할은 중요하다. 특히 무교에서는 성직자인 무당의 역할이 다른 종교에 비해 유난히 더 큰 비중을 차지한다. 그 이유는 무교에는 공인 경전이 없고 조직이 정비되지 않아서, 전문 종교적 기능을 행사하는 무당이 주도적인 위치를 차지할 수밖에 없기 때문이다.[152] 따라서 한국 무교를 이해하기 위해서는 무당을 알아야 한다. 그 중에서도 강신무에 대해서 좀 더 자세히 연구할 필요가 있다. 왜냐하면 최근 한국의 무교 상황을 살펴보면 세습

---

152) 박일영, 『한국 무교의 이해』(왜관: 분도출판사, 1999), 31쪽.

무는 점차로 쇠퇴하여 명맥을 찾아보기 힘들게 되는 반면, 강신무는 전국적으로 확산되고 계속 증가하고 있기 때문이다. 지금 한국에서 활발하게 활동하고 있는 무당들의 대다수가 강신무이다.

마찬가지로, 신사도 운동을 이해하기 위해서는 먼저 사도에 대해 알아야 한다. 기존의 카리스마적 성령 운동과 신사도 운동을 구분하는 가장 중요한 기준이 바로 사도에 대한 입장의 차이에 있으며, 신사도 운동의 핵심은 바로 사도라고 말해도 과언이 아니기 때문이다. 따라서 신사도 운동과 한국 무교의 상호 선교를 위해서는 무당과 신사도에 대해 비교 연구를 할 필요가 있다. 전통적인 교회에서 말하는 사도 계승은 무교의 세습무 전통과 비슷한 성격을 보이는 반면, 신사도 운동에서 말하는 '신사도'는 강신무와 비슷한 성격을 보인다.

1) 강신무와 세습무

한국의 무교는 일반적인 샤머니즘과는 구별되는 한국만의 독특한 현상이기 때문에 '무이즘'(muism)이라는 이름을 붙여서 세계 종교학계에 새로운 학설로 제시해야 한다고 주장하는 사람도 있다. 또한 무교의 세력권을 한강 이남과 이북으로 나누어서, 한강 이북의 강신무는 '북방계 샤머니즘' 계통이지만, 한강 이남의 세습무는 '남방계의 주술사'라는 의견을 제시하는 사람도 있다. 또 어떤 사람은 시베리아의 샤머니즘이 한국으로 내려오면서 오랜 시간에 걸쳐 한국식으로 변화된 것일 뿐, 전혀 새로운 현상이 아니라 시베리아의 샤머니

즘과 같은 계통이라고 말한다.[153]

한국 무교를 바라보는 관점은 이렇듯 다양하기 때문에 한국의 무교와 무교의 성직자인 무당[154]을 명확하게 구분하거나 한마디로 정의 내리는 일은 쉽지 않다. 하지만 일반적으로 한국의 무교 연구에서는 무당을 크게 강신무와 세습무로 나눈다.[155] 이것을 구분하는 기준은 바로 입무 과정이다. 무당의 길로 들어서는 과정에서 무병 또는 신병 체험을 가지고 있느냐 없느냐가 이 둘을 구분하는 기준이 된다. 또한 몸주를 가지고 있느냐 없느냐, 굿을 행할 때 접신한 상태에서 도무[156]와 공수를 하느냐 안 하느냐 역시 또 다른 기준이 된다.[157]

일반적으로 강신무는 한강 이북 지방에 존재하며, 신들린 무당 또는 신 내린 무당이라고도 불린다. 강신무는 보통 신병을 앓게 되는데, 원인을 알 수 없는 병으로 고통을 겪고, 환청을 듣거나 환영을 보기도 하는 현상이다. 무당이 되기로 하고 내림굿을 하면, 신병의 고통에서 벗어나게 된다. 강신무가 되기 위한 특별한 자격 제한은 없다. 신내림을 받으면 누구나 무당이 될 수 있다. 그러나 신내림을 받은 것만으로 충분하지는 않다. 접신 체험을 한 이후에 일정한 수

---

153) 김태곤, 『한국의 무속』(서울: 대원사, 1991), 8-9쪽.
154) 무교의 성직자를 가리키는 용어는 무당 이외에도 만신, 선관, 법사, 무녀, 명도, 점쟁이, 당골, 보살, 박수, 복수, 재인, 화랑, 광대, 신장, 신방, 심방 등 수많은 명칭이 존재하지만, 일반적으로 쓰이는 무당을 사용하기로 한다.
155) 강신무와 세습무 구분에 대해서 이의를 제기하는 입장도 있다. 강신무에게도 세습과 같은 세습무의 요소가 발견되며, 세습무에게도 강신무와 소통되는 점이 있기 때문이다. 자세한 사항은 한국무속학회, 『한국 무속의 강신무와 세습무 유형구분의 문제』(민속원, 2006) 참고.
156) 도무蹈舞란 무당이 접신한 상태에서 위아래로 높이 뛰는 것을 말하는데, 이것이 곧 신을 접했다는 징표가 되기도 한다.
157) 김성례, 「무당은 어떤 사람들인가?」, 김승혜·김성례, 『그리스도교와 무교』(서울: 바오로딸, 1998), 76-77쪽.

련이 필요하고, 입무제를 통해서 정식으로 신을 받아야 완전한 무당이 될 수 있다.[158]

무당이 되기 위해서는 반드시 무교의 의례를 학습해야 한다. 이부영은 "춤, 악기, 제물 차리는 법, 무가, 그 외의 절차들을 배워 숙련무가 되려면 보통 3년 이상이 걸린다."고 말한다. 그에 따르면, 강신무는 자신이 내림굿을 받은 무당과 '신어머니-신딸 관계' 또는 '사제 관계'를 맺은 다음 계속 굿을 배운다.[159] 일반적으로 신병이나 접신 체험이 없이 조상 대대로 내려온 무업을 이어받아서 무당이 된 경우를 세습무라고 부른다. 강신무가 주로 점을 치고 예언을 한다면, 세습무는 사제의 역할을 주로 담당하며 의례를 집행한다. 강신무가 한강 이북에 주로 많이 존재하는 반면, 세습무는 한강 이남과 태백산맥 동쪽 지역에 많이 분포되어 있다.[160]

세습무는 '당골판'이라는 일종의 '관할 구역'을 중심으로 활동하면서, 자신의 당골판 안에 살고 있는 사람들에게 사제의 역할을 담당한다. 세습무는 지역 주민들의 종교적인 요구를 충족시켜 주는 대가로 봄과 가을에 곡식과 돈을 받는다. 세습은 부계로 이어지며, 무업이 시어머니에서 며느리로 전해지는 경우가 많다.[161]

세습무가 되는 과정은 강신무가 되는 과정과는 상이하다. 강신무

---

158) 이와 관련해서 무당들 사이에는 "영험은 신령이 주나 그 부리는 재주는 배워야 한다."는 말이 오간다. 조흥윤, 『한국의 샤머니즘』(서울: 서울대학교출판부, 1999), 73쪽.
159) 이부영, 『한국의 샤머니즘과 분석심리학』(파주: 한길사, 2012), 63쪽.
160) 하지만 이제는 그러한 구분이 거의 사라지고, 강신무가 전국적으로 퍼져 가고 세습무는 점점 줄어들고 있다.
161) 세습무 지역에서는 주로 여자만 무당으로 굿을 한다. 남자는 양중·화랭이·사니 등으로 불리는데, 주로 악사의 역할을 담당한다. 동해안 지역에서는 남자들이 촌극과 염불을 담당하기도 한다. 그러나 지금은 세습무가 거의 소멸되고 있으며, 일부 전라도와 동해안 지역에 세습무가 남아 있다.

와는 달리 세습무에서는 특별한 제의적 입문식이 따로 없다. 무당 집안에 태어나서 자라 가는 과정 중에, 가족을 따라 다니면서 무업을 자연스레 배우게 되는 것이다. 그가 속한 세습무가의 우두머리로부터 충분한 경지에 이르렀다는 인정을 받게 되면, 굿판에 들어가서 한 부분을 맡아서 진행을 하게 된다. 그가 맡아서 진행한 '굿거리'가 끝나고 나면, 집안의 무당들이나 굿판에 모여 있는 회중들에게 평가를 받게 되는데, 여기에서 무당의 자격이 있다고 합격 판정을 받으면, 그때부터 정식 무당으로 대우를 받기 시작한다.[162]

세습무는 특별한 접신 체험이 없기 때문에 영력을 과시하는 경우는 없고, 대신 정교한 의례를 집행한다. 이경엽은 강신무가 신들림을 통한 영적인 능력을 중요하게 생각하는 것에 비해, 세습무는 "제의적 행위나 춤, 노래 등을 통해 신을 즐겁게 하고 신에게 인간의 소원을 빌어 준다."고 구별한다. 그리고 세습무는 "굿거리에 따라 무복을 갈아입지 않고, 곡예나 묘기 같은 특별한 시각적 볼거리가 제공되지 않으며, 신의 입장에서 내리는 공수도 없다. 대신 세습무는 음악성 높은 무가나 풍부한 사설, 제의적 행위, 춤 등을 통해 의례를 집행한다."고 설명한다.[163]

세습무 지역에서도 강신무가 있기는 하다. 강신무 지역에서는 강신무가 모든 역할을 담당하지만, 세습무 지역의 강신무들은 굿은 하지 않고 점을 치거나 독경을 하는 역할을 하고, 굿은 세습무가 주로 담당을 했다. 세습무는 세습무대로, 강신무는 강신무대로 긍지를 가

---

162) 박일영, 『한국 무교의 이해』, 37쪽.
163) 이경엽, 「호남의 당골 제도와 세습무계 활동」, 한국민속학회 엮음, 『무속신앙』(서울: 민속원, 2008), 211쪽.

졌으며, 각자 자신의 입지를 다지기 위해서 주도권 경쟁을 하기도 했다. 사제권 확보를 위해서 대립적인 관계를 맺고 있기는 했지만, 필요에 따라 상호 보완적인 역할을 하기도 했다. 누군가에게 신이 내려서 신병이 걸리게 되면 세습무인 당골이 내림굿을 해서 그가 점쟁이가 되도록 이끌어 주며, 점쟁이는 점을 본 사람에게 굿을 하도록 권유하여 당골을 소개해 주기도 한다. 따라서 세습무인 당골과 강신무인 점쟁이는 서로 적대적이면서 동시에 상호 보완적인 관계를 유지했다고 볼 수 있다.[164]

2) 사도와 신사도

한국 무교에서 '무당'이 매우 중요한 의미를 갖는 것처럼, '사도'는 신사도 운동의 가장 중요한 핵심이자 특징이다. '신사도적 그리스도교'와 '전통적인 그리스도교' 사이에 존재하는 가장 근본적인 차이는 바로 '사도'를 바라보는 관점에 있다. 따라서 신사도 운동을 설명하려면, 먼저 '사도'에 대한 개념 정리가 필요하다. 먼저 사도에 관한 기존의 입장을 정리하고, 피터 와그너가 말하는 신사도는 무엇인지 살펴보도록 하겠다.

(1) 전통적인 입장
초대교회사를 살펴보면, '사도'(apostolos), '예언자'(prophetes), '교사'

---

164) 이경엽, 『씻김굿』(서울: 민속원, 2009), 40-41쪽.

(didaskalos), '감독'(episkopos), '원로'(presbyteros), '봉사자'(diakonos) 등 신약성서에 나타나는 여러 직분들이 점차적으로 '주교'(episcopus), '사제'(presbyter), '부제'(diaconus)라는 '삼성직'(triple ministry)으로 구체화되었고, 이를 '사제직'(sacerdos) 안에서 통합하려 했다는 사실을 알 수 있다.[165] 교회사의 흐름은 이 사제직이 강화되는 경향으로 흘렀다. 특히 천주교에서 사제직은 매우 중요한 의미를 갖는다. 『현대의 사제 양성』에서는 사제에 관해서 아래와 같이 정의한다.

"사제는 성령의 도유로 특별한 인호를 받아서 사제이신 그리스도를 드러내 보이므로 교회의 목자이신 그리스도의 성사가 된다. 곧 사제들은 교회의 머리이며 목자이신 예수 그리스도의 살아 있는 도구로서 그리스도의 이름으로 그리스도를 대신해서 교회의 일을 하는 사람이다"(20항)

또한 교황 요한 바오로 2세는 『현대의 사제 양성』을 통해서 "만일 사제들이 없다면 교회는 교회가 인간 역사 안에 존재하는 가장 근본적인 이유이자 가장 핵심이 되는 교회의 사명을 실천할 수가 없을 것"이라고 강조했다. 그러나 천주교에서는 "사제의 고유한 신원은 주교의 협력자로서 그리스도의 유일한 지상의 사제직에 참여하는 것"이라고 말한다. 여기에서 중요한 것은 '주교의 협력자'라는 점이다. 사제는 사도의 후계자인 주교의 협력자 또는 주교의 권한을 위임받

---

165) 백운철, 「한국 교회의 사제 양성 - 사제 직무와 양성에 관한 신약성경과 교회의 가르침의 한국적 적용」, 『가톨릭신학과사상』 75 (신학과사상학회, 2015), 265쪽.

은 보조자로 정의되고 있다.[166] 천주교에서는 역사적 주교제를 통해서 사도 계승이 지속되었다는 입장이기 때문이다. 사도직에 관한 천주교의 입장은 1998년에 발표된 교황 요한 바오로 2세의 자의교서 『주님의 사도들』(Apostolos Suos)에 잘 정리되어 있다.

> "주 예수님께서는 사도들을 영속적인 단체 또는 집단의 형태로 세우시고, 그들 가운데서 선택하신 베드로를 사도단의 으뜸으로 삼으셨다(1항). ……주님께서 사도들에게 맡기신 구원 사명은 세상 끝날 때까지 계속될 것이다. 사도들은 그리스도의 뜻에 따라 이 사명을 수행하도록 후계자들을 세우는 일에 관심을 기울였으며……, 주교들은 교회의 목자로서 신적 제도에서 사도들의 자리를 이어받았다. 주님께서 세워 주신 대로 성 베드로와 다른 사도들이 하나의 사도단을 이루듯이, 같은 방법으로 베드로의 후계자인 교황과 사도들의 후계자인 주교들도 서로 결합되어 있다. 주님께서는 베드로 안에 '신앙과 친교의 일치를 이루는 영속적이고 가시적인 원칙과 토대'를 세우셨다. 주교들도 각기 자기 개별 교회 안에서 일치의 원천과 토대가 된다(2항). 사실상 주교단을 통하여 사도 전통이 온 세상에 드러나고 보전되는 것이다(8항). 주교들은 자기 개별 교회에서 다스리는 임무뿐 아니라 가르치는 임무와 거룩하게 하는 임무를 올바로 수행함으로써 보편 교회의 선익에 기여한다(11항)."

166) Charles Perrot, *Apres Jesus. Le ministère chez les premiers chrétiens,* 백운철 역, 『예수 이후 - 초대 교회의 직무』(서울: 가톨릭출판사, 2002), 14쪽.

천주교에 따르면, 사도 계승은 '역사적 주교제'를 통해서 지금까지 단절 없이 계속 이어지고 있으며, 교황은 사도들의 대표인 베드로의 후계자이다. 따라서 주교는 매우 중요한 위치를 차지한다. 주교는 사제단을 이루는 필수 요소이면서도 동시에 사제단과는 확실히 구분되는데, 그 이유는 권한의 우위성 때문이다.[167]

천주교의 성직은 주교가 없이는 존재할 수 없다고 말해도 과언이 아니다. 주교는 각 개별 교회 안에서 일치의 원천과 토대이기 때문이다. 사제들은 "주교의 협력자들로서 주교의 권위 아래 자기 주교와 더불어 한 사제단을 구성하여 하나님의 백성에게 봉사하도록 부름 받은 이들이다."[168] 김효석은 주교와 사제의 관계를 아래와 같이 정리한다.

> "사제들은 성품성사의 힘으로 주교와 연결되어 있고, 주교에게 부여된 사목 직무에 참여하는 방식으로 그리스도의 사제 직무를 수행하기 때문이다. 이를 위해서 사제들은 주교가 집전하는 성품성사를 통해 성직자로 등록되어야 하고, 주교로부터 교회법적 파견을 받기 위해 서임되어야 한다. 이는 모든 사제들이 주교와의 교계적 친교 안에 머물러야 함을 말한다."[169]

따라서 사도들의 후계자인 주교는 천주교의 성직에서 핵심적인 위치를 차지하고 있다. 천주교는 주교들의 모임인 '주교 회의'를 중심으

---

167) 김효석, 「1983년 법전에 나타난 사도직」 『가톨릭 신학과 사상』 65(신학과사상학회, 2010), 96쪽.
168) 위의 글, 95쪽.
169) 위의 글, 112쪽.

로 움직인다고 해도 과언이 아니다. 『주님의 사도들』은 주교 회의에 대해서 아래와 같이 설명하고 있다.

"주교들은 하나님을 대신하여 양떼를 다스리며, 그 목자가 되고, 교리의 스승, 거룩한 예배의 사제, 통치의 봉사자가 된다. ……주교들은 신적 제도에 따라 교회의 목자로서 사도들의 자리를 이어받았으며, 그리스도의 대리자이며 사절로서 자기에게 맡겨진 개별 교회들을 조언과 권고와 모범으로, 그리고 또한 권위와 거룩한 권력으로 다스린다(19항)."

정교회나 성공회에서도 세부적인 내용은 다르지만, 역사적 주교제로 사도 계승이 오늘날까지 지속되고 있다는 점은 천주교와 일치한다. 다시 말하면, 이들 전통 교회에서는 예수 그리스도가 사도들을 세워서 사명을 주셨고, 사도들은 자신들의 뒤를 이어 교회를 이끌어갈 후계자를 세웠으며, 그들이 죽으면 다른 훌륭한 사람들이 뒤를 이어가도록 했는데, 초대교회부터 지금까지 단절되지 않고 계속 사도직분을 그 후계자들이 이어받아 오늘날까지 이어지고 있다는 역사적 주교직을 강조하고 있다. 전통 교회에서는 주교가 바로 사도의 후계자라고 생각한다.

그러나 종교개혁 이후에 생겨난 개신교에서는 일반적으로 '만인사제설'을 주장하며 사제직에 대한 천주교의 입장에 반대하며, 역사적 주교제와 이를 통한 사도 계승 역시 인정하고 있지 않다. 또한 '천국의 열쇠'는 '베드로의 후계자'로 이어지는 것이 아니라, '베드로의 고백'을 통해서 이어진다고 주장한다. 교회의 기초는 베드로라는 특정

한 사람이 아니라, 베드로가 했던 고백 위에 세워졌기 때문이다.[170]

개신교에 따르면 사도는 처음에 교회를 세운 사람들을 의미하며, 사도들을 대신할 새로운 사도는 존재하지 않는다. 다시 말하면, 오늘날에는 더 이상 사도가 존재하지 않는다는 입장이다.[171] 사도의 계승은 특정한 사람들에 의해서 이어지는 것이 아니라, 모든 교회와 모든 신자들이 사도들의 사명과 활동을 이어가야 한다는 것이다. 다시 말하면, 사도들이 했던 사역을 계승하는 것이 진정한 사도 계승이라는 뜻이다. 또한 베드로의 후계자는 어느 특정인이 아니라, 베드로의 고백을 이어가는 모든 사람들이 베드로의 후계자라는 입장이다.

한스 큉은 "사도직은 유일회적이며 반복될 수 없다."고 주장하면서, "사도들은 이미 모두 죽었고, 새로운 사도는 존재하지 않는다."고 설명한다. 그러나 "사도적 파송은 존재한다"고 주장한다. 그에 따르면, 사도는 더 이상 존재하지 않지만, '사도적 과제'는 아직 성취되지 않았으며, '사도적 파송'은 여전히 존재한다는 뜻이다. 한스 큉은 '사도의 신앙과 고백'을 따르고, '사도적 섬김'을 따르는 사람들이 '사도의 후계자'라고 말한다.[172]

지금까지의 내용을 종합하면, 사도의 후계자가 누구인지에 대해서는 '사도적 증언과 사명을 계승하는 사람이 사도의 후계자'라는 입장과 '사도 계승으로 이어진 주교가 사도의 후계자'라는 입장으로 의견

---

170) 정태영·김은령, 『신부님과 목사님』(서울: 양서각, 1986), 96-97쪽; 같은 책, 190쪽; 마태 16:15-19 참조.
171) 이승구, 『교회란 무엇인가?』(서울: 나눔과 섬김, 2010), 234쪽.
172) Hans Küng, *Die Kirche*, 정지련 역, 『교회』(서울: 한들, 2007), 507-514쪽.

대립이 있지만, 사도는 초대교회를 끝으로 사라졌고, 오늘날에는 사도가 존재하지 않는다는 점에서는 일치한다는 사실을 알 수 있다. 신사도 운동은 이런 기존의 입장에 반기를 들면서, 사도의 은사와 직분이 다시 회복되었으며, 지금 이 시대에도 사도는 존재하고, 앞으로 교회들은 사도적 교회로 전환되어야 한다고 주장하고 있다. 신사도 운동의 주장에 대해서 더 자세히 살펴보도록 하겠다.

(2) 신사도 운동의 입장

기존의 입장과는 달리 신사도 운동에서는 오늘날에도 '사도의 직분과 은사'가 이어진다고 주장하는 것이 특징이다. 그렇다면 신사도 운동에서 말하는 사도는 어떤 존재인가? 피터 와그너는 사도에 대해서 아래와 같이 다섯 가지의 질문을 통해 정리하고 있다.

① 사도란 어떤 직분인가?

'사도'(apostle)의 어원은 그리스어 아포스톨로스(ἀποστόλος)이다. 이 단어의 동사형은 아포스텔로(ἀποστελλω)인데, 이것은 '보내다'라는 뜻을 가진다.[173] 이 단어를 고대 그리스인들은 주로 '특별한 목적이나 임무'를 받고 파송된다는 의미로 사용했으며, '신적인 위임을 받아 파송된다'는 의미로도 사용했다. 아포스톨로스의 성서적인 의미는 '보냄을 받은 자'라는 뜻인데, 이 뜻을 살려서 한자로 사도使徒라고 번역했다. 신약성서에서 예수의 열두 제자를 지칭할 때 '아포스톨로스'

---

173) Warren C. Trenchard, *The Student's Complete Vocabulary Guide to the Greek New testament,* 장동수 역, 『신약성서 헬라어 어휘사전』(서울: 은성, 1999), 127쪽.

라는 단어를 사용한다. 하지만 열두 제자뿐만 아니라 안드로니고, 아폴로, 바르나바, 에바브로디도, 야고보, 유니아, 마티아, 바울로, 실라, 디모테오 등에게도 '아포스톨로스', 즉 '사도'라는 호칭을 사용했다.[174] 같은 의미를 가진 라틴어는 미토(mitto)이며, 명사형은 미시오(missio, 파견)인데, 여기서 영어의 미션(mission)이나 미셔너리(missionary, 선교사)란 말이 파생되었다.[175]

언어적으로 사도와 선교사는 같은 의미를 갖지만, 피터 와그너는 이 둘을 구분하고 있다. 베드로와 바울로가 사도인 것은 분명하지만, 베드로는 선교사가 아니다. 그는 유대인의 사도였고, 다른 문화권으로 보냄 받지는 않았기 때문이다. 이에 반해 바울로는 이방인들의 사도로 다른 문화권으로 파송을 받았기 때문에 선교사이기도 하다. 다시 말하면, 바울로는 '사도의 은사'와 '선교의 은사'를 동시에 받았지만, 베드로는 '사도의 은사'만 받았고, '선교의 은사'는 받지 못했다는 뜻이다.[176]

피터 와그너가 말하는 '사도'의 핵심적인 특징은 바로 '권위'이다. 그에 따르면 "사도의 은사는 하나님께서 그리스도의 몸 된 교회의 어떤 지체들에게 주신 특별한 능력"이며, "영적인 문제에 대해 권위를 가지고 많은 교회를 총괄적으로 지도할 수 있는 리더십"을 말한다.[177] 언어적으로는 '보냄 받은 자'를 의미하지만, 피터 와그너는 사도의 조건으로 '권위와 지도력'을 추가했다.

---

174) 안병철, 『신약성경 용어사전』(서울: 가톨릭대학교출판부, 2008), 179-181쪽.
175) 백민관, 『가톨릭에 관한 모든 것 백과사전 2』(서울: 가톨릭대학교출판부, 2007), 264-265쪽.
176) 피터 와그너, 『교회의 지각변동』, 143-144쪽.
177) 위의 책, 141-142쪽.

그림 1 피터 와그너가 말하는 네 가지 사도[178]

② 오늘날에도 사도가 존재하는가?

'은사중지론자'들과 '은사지속론자'들의 논쟁은 아직 끝나지 않았다. 개혁주의 계열에 있는 사람들은 성서가 완성된 시점에서 은사는 중단되었다는 입장을 가지고 있다. 중단된 은사의 목록은 학파에 따라 다르지만, 어떤 사람들은 사도와 선지자의 경우는 '은사와 직임' 모두가 중단되었다고 보고 있다. 이런 입장에서 보자면, 성경적 의미의 사도는 오늘날 교회에 존재하지 않는다. 다른 쪽에서는 '사도적 사역'이나 '사도적 은사'는 인정하지만, '사도의 직임'은 인정할 수 없다고 말한다.[179]

피터 와그너는 '사도의 은사'와 '사도의 직임'이 어떻게 다른지 그 차이점을 이해하는 것이 중요하다고 말한다. 직임이란 목사 안수를 통해 목사들이 공식적인 사역을 하는 것처럼, 교회가 개인에게 있는

---

178) 현대종교 편집국, 『신사도 운동 바로 알기』, 25쪽.
179) 피터 와그너, 『교회의 지각변동』, 145-146쪽.

은사를 인정하여 그것을 공식적으로 사용하도록 자격을 부여한 것이라고 설명한다. 그러면서, 지금은 비록 사도직에 관한 논쟁이 있지만, 앞으로는 그런 논쟁이 잠잠해지고 '사도적 은사'뿐만 아니라 '사도의 직임'도 인정받게 될 것이라고 장담한다.[180]

③ 사도는 얼마나 중요한가?

어떤 사람들은 사도라는 직분 없이도 오랜 시간 동안 교회가 잘 유지돼 왔는데, 굳이 논란을 일으키면서 사도의 직분을 내세울 필요가 있느냐고 물을 수도 있다. 피터 와그너에 따르면, 교회가 '그리스도의 지상 명령'을 온전히 수행하기 위해서는 성서의 '오중 직임'[181]이 회복되어야 하며, 그 중에서 가장 중요한 것이 바로 사도의 역할이라는 것이다. 그는 오순절 운동을 통해서 성령의 여러 가지 은사들이 다시 회복되었으며, 1970년대에는 중보기도자라는 직임, 1980년대에는 선지자의 직임이 회복되었다고 말한다. 그리고 1990년에 이르러 '사도의 은사와 직임'이 회복되어 성서의 '오중 직임'이 비로소 회복되었다고 말한다.[182]

릭 조이너는 "사도적 사역이 우리의 시대에 교회가 꼭 알아야 하고 배워야 할 매우 중요하고 핵심적인 요소"라고 강조하면서, "사도적 사역의 회복이 지금 교회가 겪고 있는 많은 문제들을 근본적으로 해결할 수 있는 대안"이라고 주장한다.[183] 그러면서 "사도적 사역은 온

---

180) 위의 책, 147-148쪽.
181) "사도, 예언자, 전도자, 목자, 교사"(에페 4:11) 참조.
182) 피터 와그너, 『교회의 지각변동』, 148-149쪽.
183) 릭 조이너, 『사도적 사역』, 24-25쪽.

교회를 바꾸어 놓을 것이며, 더 나아가 세계를 완전히 바꾸어 놓을 것"이라고 장담한다.[184]

④ 사도는 어떻게 권위를 부여 받는가?

사도는 다른 전통 교회 지도자들에 비해 더 특별한 권위를 행사한다. '사도들의 권위는 어디로부터 오는 것인가?' 이 질문에 피터 와그녀는 "사도를 임명하는 것은 하나님이고, 그 사실을 인정하는 것은 그리스도의 몸 된 교회에 달려 있다"고 말한다. 그에 따르면 사도는 '카리스마적 지도자'이다. 사회학자 막스 베버가 말한 '카리스마적 지도자'에 대한 설명이 신사도적 개혁 운동에 적절하게 적용될 수 있다. 사도의 권위는 종교적이고 계급적인 '제도적인 권위'가 아니라, 하나님께서 주시는 '영적인 권위'라는 뜻이다.[185]

릭 조이너도 피터 와그너의 의견에 동의하면서 동시에 '훈련'을 강조한다. 온전한 영적 지도자로 인정받기 위해서는 반드시 훈련이 필요하다는 것이다.[186] 이는 "영검은 신령에게 받고, 재주는 사람에게 배운다"는 한국 무교의 강신무와 일맥상통한다고 볼 수 있다. '사도의 은사'는 하나님에게 받지만, 사도로 인정받고 '사도의 직임'을 수행하기 위해서는 교회 공동체 안에서의 검증과 훈련이 필요하다. 그러나 '사도의 은사'는 개인적인 노력으로 성취할 수 있거나 공동체의 합의로 상징적으로 부여되는 것이 아니라, 전적으로 하나님의 선택에 의해 부여된 카리스마적 권위이다.

---

184) 위의 책, 101쪽.
185) 피터 와그너, 『교회의 지각변동』 153-154쪽.
186) 릭 조이너, 『사도적 사역』 43-45쪽.

⑤ 참된 사도의 자질은 무엇인가?

성서에 사도의 자질에 대해서 구체적으로 나와 있는 곳은 없지만, 디모테오 3장에서 언급하고 있는 '감독의 자격'을 적용할 수 있다.

> "교회의 감독이 되고 싶어 하는 사람은 훌륭한 직분을 바라는 사람이다."라는 말이 있는데, 이 말은 사실입니다. 그런데 감독은 탓할 데가 없는 사람이어야 하고 한 여자만을 아내로 가져야 하고 자제력이 있고 신중하고 품위가 있어야 하고 남을 후하게 대접할 줄 알며 남을 가르치는 능력이 있어야 합니다. 그리고 술을 즐기지 않으며 난폭하지 않고 온순하며 남과 다투지 않고 돈에 욕심이 없어야 합니다. 또한 자기 가정을 잘 다스릴 줄 알고 큰 위엄을 가지고 자기 자녀들을 복종시킬 줄 아는 사람이어야 합니다. 자기 가정도 다스릴 줄 모르는 사람이 어떻게 하나님의 교회를 돌볼 수 있겠습니까. 입교한 지 얼마 되지 않은 사람이 교회의 감독이 되어서는 안 됩니다. 그런 사람이 감독이 되면 교만해져서 악마가 받는 것과 같은 심판을 받을지도 모릅니다. 감독은 또한 교회 밖의 사람들에게도 좋은 평을 받는 사람이어야 합니다. 그래야 남의 비난을 받지 않고 악마의 올무에 걸려드는 일도 없을 것입니다."(1디모 3:1-7)

성서는 '참된 사도'뿐만 아니라 '거짓 사도'들에 대해서도 언급하고 있다.

> "거짓 예언자들을 조심하여라. 그들은 양의 탈을 쓰고 너희에게 나타나지만 속에는 사나운 이리가 들어 있다. 너희는 행위를 보고 그들

을 알게 될 것이다." (마태 7:15-16)

"전에도 말한 바 있지만 다시 한 번 강조하겠습니다. 누구든지 여러분이 이미 받은 복음과 다른 것을 전하는 자가 있다면 그는 저주를 받아 마땅합니다." (갈라 1:9)

릭 조이너는 "모든 사역은 준비된 자만이 할 수 있다."고 강조하며 참된 사도의 자질이 무엇인지 말해 주고 있다.[187] 그에 따르면, "진정한 사도들은 신학적 이론이나 형식, 또는 방법론"을 가지고 오는 것이 아니라, "하나님의 능력과 진솔한 삶"을 가지고 온다.[188] 릭 조이너도 사도가 카리스마적 지도자라는 것을 강조하지만, 하나님께서는 준비된 자에게 사도의 은사를 내리신다는 입장이며, 사도의 은사를 받은 사람은 그 은사를 온전하게 발휘하기 위해서 계속해서 훈련이 필요하다는 것을 강조한다.

(3) 사도와 신사도

지금까지 살펴본 바에 따르면, 전통적인 '사도'와 신사도 운동의 '사도'는 차이점이 분명이 존재한다. 가장 중요한 차이는 강신무와 세습무가 입무 과정으로 구분되는 것처럼, 사도로 권위를 인정받는 과정에서의 차이가 있다. 또한 '카리스마'가 상징적으로 부여되었는지, 아니면 실제적으로 '카리스마적 능력'을 가지고 있는지의 차이도 있다. 누가 진정한 무당인지에 대해서 강신무와 세습무가 대립적인 입장

---

187) 릭 조이너, 『사도적 사역』, 76쪽.
188) 위의 책, 101쪽.

에 있는 것처럼, 누가 진정한 사도인지를 두고 전통적인 사도 계승의 입장과 신사도 운동의 입장이 대립적일 수 있다.

정교회, 천주교, 성공회와 같이 사도 계승을 주장하는 전통 교단의 경우에는 '역사적 주교제'에 의한 사도 계승을 말한다. 초기 그리스도교에는 예루살렘 교회, 안티오키아 교회, 알렉산드리아 교회, 콘스탄티노플 교회, 로마 교회 등 대표적인 다섯 개의 교회가 있다. 사도들이 지역을 나누어 각각의 교회들을 담당했고, 사도들은 모두 평등한 위치의 수평적인 관계였다. 사도들이 죽은 다음에는 그들 각각의 후계자인 주교들이 각자의 교회를 이끌어 갔다.

추후에 천주교는 로마 주교를 베드로의 후계자라고 주장하면서 교황으로 승격시켰다. 나중에는 사도 계승은 로마 교회를 중심으로 이어진다는 입장을 보이게 되었다. 더 나아가 "그리스도교 종파 중에서 진정 그리스도께서 세우셨고 사도들이 전해 준 교회는 유일한 가톨릭 교회뿐"이라고 주장하며, "천주교만이 참된 교회"라고 하면서, 다른 그리스도교 교파는 인정하지 않는 입장도 있다.[189]

그러나 개신교에서는 베드로가 사도들의 우두머리가 아니며, 다른 사도들과 평등한 관계였으며, 베드로가 로마의 주교였다는 사실은 근거가 없다고 반박한다.[190] 또한 초대교회 시기에도 로마 주교가 다른 지역의 주교보다 우월한 위치가 아니라, 동등하고 협력적인 관계였다고 주장한다.[191] 같은 입장에서 정교회는 교황제는 인정하지 않고, 사도의 후계자인 주교들을 통해 사도 계승이 이어졌다고 한

---

189) 박도식, 『천주교와 개신교』(서울: 가톨릭출판사, 1996: 개정판), 135-137쪽.
190) 정태영·김은령, 『신부님과 목사님』, 190-198쪽.
191) 위의 책, 200-203쪽.

다. 영국의 교회가 로마의 주교에게 지배를 받을 이유가 없다고 주장하면서 독립한 성공회에서도 교황제는 인정하지 않고, 역사적 주교제를 통해서 사도 계승이 이어진다고 설명한다.[192]

교황을 인정하는지의 여부와는 관계없이, 역사적 주교제에 의한 사도 계승은 절차나 방법은 차이가 있지만, 일종의 세습이라고 할 수 있다. 적절한 후계자를 세우기 위한 절차와 제도를 만들어서 새로운 주교를 세운다. 그들은 사도의 후계자일 뿐 사도 자체는 아니다. 이것은 막스 베버가 말하는 카리스마의 일상화 현상으로 볼 수 있다. 개인의 카리스마적 능력이 아니라, 제도적인 체계에 따라서 집단에 의해 권위가 부여되기 때문이다. 따라서 역사적 주교제를 통한 사도 계승의 방식은 세습무에 가깝다고 볼 수 있다.

그러나 신사도 운동에서 말하는 사도는 세습에 의한 제도적인 권위가 아니라, 성령의 능력에 의해 카리스마적 권위를 획득하는 일종의 강신무라고 평가할 수 있다. 신사도 운동에서는 '사도로부터 이어오는 교회'가 아니라 '사도적인 교회'를 강조한다. 사도 계승은 세습을 통해서가 아니라, 성령의 은총으로 '사도의 능력'을 받는 것으로 이루어진다고 강조한다.

오늘날에도 사도가 존재하는지에 대해서는 쉽게 판단 내릴 수 없을 것이다. 신사도 운동에서 사도라고 인정받은 사람들이 과연 진정한 사도인지에 대해서도 이견이 있을 수 있다. 전통적인 입장의 사도

---

192) 천주교는 레오 13세의 교황칙서 Apostolicae Curae(사도적 관심, 1896)를 통해, 성공회는 사도로부터의 계승성이 끊어졌기 때문에 성공회의 성직은 유효하지 않다고 주장하고 있다. 그러나 성공회에서는 로마 교회와의 단절이 사도 계승의 단절을 의미하지 않는다고 반박하며, 성공회는 역사적 주교제에 의한 사도 계승이 단절되지 않았다고 주장한다.

계승과 신사도 운동의 사도 계승은 서로 대립적인 입장에 있으며, 그 간격이 앞으로도 좁혀지기는 힘들 것이다.

'그렇다면 누가 진정한 사도의 후계자인가?' 이 문제 역시 끊임없이 논쟁이 지속될 것이다. 그러나 강신무와 세습무가 대립적이며 긴장관계를 유지하고 있으면서도 동시에 상호 보완적이고 협력관계를 맺는 것처럼, 전통 교단과 신사도 운동 역시 상호 보완적인 관계를 맺는 것이 좋다고 판단된다. 역사적으로 이어진 사도의 적법한 후계자를 존중하면서, 동시에 성령의 카리스마로 사도의 은사와 능력을 받은 사람들 역시 존중받아야 한다.

세계 종교의 역사를 살펴보면, 기존의 종교가 제도화되고 형식화되어 신자들의 종교성을 제대로 만족시키지 못하게 되는 상황이 되면, 언제나 개인의 강력한 종교 체험을 강조하는 반작용이 있다는 것을 알 수 있다. 그리스도교에서도 마찬가지로, 교회가 경직되어 정통성과 권위를 주장하며 사도 계승만 강조했을 때는 그에 대한 반작용으로 복음의 본래 정신을 강조하고, 복음대로 살려고 하는 신심 운동이 일어났다.[193] 최근의 신사도 운동 역시 이런 맥락에서 일어났다고 볼 수 있다. 그러므로 기존 교회들은 신사도 운동의 주장에 관심을 가질 필요가 있다. 교회의 정통성은 사도직을 제도적으로 승계하는 것으로만 제한되어서는 안 된다. 교회는 하나님으로부터 세상으로 파송된 사람들의 모임이다. 따라서 모든 그리스도인은 누구나 사도성을 지니고 있다고 해도 과언이 아니다. 제도는 사도성의 발현을 위한 보조수단일 뿐이지, 그 자체가 절대화되거나 목적이

---

193) 박일영, 『한국 무교와 그리스도교』, 175쪽.

되어서는 안 된다. 따라서 관리와 조직을 중시하는 제도로서의 교회관은 쇄신될 필요가 있다.[194]

---

194) 위의 책, 83-84쪽.

3

한국인들의 종교의식과
신사도 운동

오늘날 한국의 그리스도교는 이 시대의 한국인들이 가장 받아들이기 쉬운 방식으로 그리스도교의 가르침을 제시할 의무가 있다. 이 연구의 관심사는 지금 대한민국에서 살아가는 한국인들이 이해하고 납득할 수 있는 방식으로 선교하는 방법은 무엇인지를 찾는 것이다. 그 이유는 종교의 발전은 과거의 전통을 고수하거나 교리 논쟁에서 승리하는 것이 아니라, 현재의 질문들에 대해서 답을 주는 것에서 시작되기 때문이다.

이런 점에서 신사도 운동은 하나의 대안이 될 수 있다. 현대 한국인들이 종교에서 멀어진 것은 시대의 흐름 때문이기도 하지만, 그보다 더 큰 이유는 종교가 제도화·형식화되면서 역동성을 상실한 채 사람들의 종교적 요구에 제대로 부응하지 못하고 있는 데다, 종교 내부의 여러 가지 문제들로 인해 사람들에게 실망을 주었기 때문이다. 따라서 교회 개혁 운동이며 카리스마적 성령 운동인 신사도 운동이 이 두 가지 문제를 동시에 해결하는 데 도움될 수 있을 것이다. 또한 신사도 운동은 한국인의 전통적인 종교적 심성이 가장 많이 반영된 무교와 체험적인 요소와 세계관에서 유사한 부분이 많기 때문에, 신사도 운동의 방식은 현대 한국인들에게도 충분히 납득 가능하다.

그러나 신사도 운동이 한국인의 전통적 종교적 체험 방식과 세계관에서 유사한 부분이 있다는 사실이 이 시대 한국인들에게 무리없이 수용될 수 있다는 주장의 충분한 근거가 되지는 못한다. 시대의 흐름과 사회 변화에 따라서 사람들의 사고 체계와 가치관, 종교의식에 변화가 생기기 때문이다. 따라서 신사도 운동이 현재 한국인들의 종교적인 물음에 납득할 만한 대답이 될 수 있는지, 그리고 한국인들의 종교적인 욕구를 충족시키는 데 도움이 될 수 있는지 확인하기 위해서는, 먼저 현재 한국인들의 종교의식을 살펴볼 필요가 있다.

지금 이 시대를 살아가는 한국인들의 종교의식을 알아보는 데 유용한 자료는 한국갤럽의 자료이다.[195] 가장 최근의 조사인 2014년의 결과를 바탕으로 현재 한국인들의 종교적 성향과 종교의식을 살펴보고, 신사도 운동의 세계관과 비교해 보도록 하겠다.

1) 한국인들의 종교적 성향

한국은 오랜 시간 동안 다종교 상황이었기 때문에, 한국인들의 가치관에는 여러 종교의 영향이 혼재되어 있다. 따라서 어느 특정 종교를 믿는다고 해도 다른 종교의 성향을 가질 수 있다. 한국인의 대표적인 종교 성향을 유교(부부유별과 부모에게 순종), 그리스도교(창조론과

---

195) 한국인들의 종교 실태를 비롯하여 종교관과 가치관을 알아보기 위하여 한국갤럽에서는 1984년, 1989년, 1997년, 2004년에 이어 2014년에 제5차 종교 조사를 했다.

심판설), 불교(윤회설과 해탈설)를 중심으로 한국갤럽에서 조사했다.

(1) 한국인들의 유교적 성향

한국인들이 유교적 성향을 얼마나 가지고 있는지 알아보기 위해서 '부부의 역할 구분'과 '부모에 대한 순종' 관련 질문을 했다. '남편과 아내가 해야 할 일이 구별되어야 한다'고 생각하는지 묻는 질문에 대해 '아니다'라고 대답한 비율이 54%로, '그렇다'(43%)는 의견보다 높게 나타났다. 1984년에는 '그렇다'가 73%로 압도적으로 많았던 것과 대조가 된다. '자식은 자기 생각보다 부모의 뜻에 따라야 한다'고 생각하는지 묻는 질문에 '아니다'라고 대답한 비율이 64%로, '그렇다'(32%)는 의견보다 높게 나타났다. 1984년에는 '그렇다'가 48%였고, '아니다'가 47%였다. 이상으로 볼 때 한국인들의 유교적 성향은 계속해서 감소하고 있다고 볼 수 있다.[196]

유교적 성향은 연령별로 구분할 때 고령층에서 강하게 나타나며, 종교적으로 구분할 때 불교에서 상대적으로 강하게 나타난다.[197]

---

196) 한국갤럽조사연구소, 『한국인의 종교 1984-2014』(서울: 한국갤럽, 2015), 53쪽.

		1984년	1997년	2004년	2014년
남편과 아내의 역할은 구분되어야 한다	그렇다	73	62	39	43
	아니다	25	36	59	54
	모르겠다	2	1	2	3
자식은 부모의 뜻에 순종해야 한다.	그렇다	48	43	36	32
	아니다	47	52	60	64
	모르겠다	5	5	5	3

197) 위의 책 54-55쪽.

		1984년	1997년	2004년	2014년
남편과 아내의 역할 구분	불교인	79	69	50	53
	개신교인	71	58	37	39
	천주교인	69	58	36	36
	비종교인	72	62	36	41

(2) 한국인들의 그리스도교적 성향

그리스도교적인 성향을 얼마나 가지고 있는지 알아보기 위해서 '창조론'과 '최후의 심판'에 관한 질문을 했다. '이 세상은 그냥 만들어진 것이 아니라 초자연적인 힘을 가진 누가 만들었다'고 생각하는지 묻는 질문에, '아니다'라고 응답한 비율이 52%로 가장 많았고, '그렇다'라는 의견은 34%, '모르겠다'는 15%를 차지하고 있다. 이는 1984년의 결과인 '그렇다' 46%, '아니다' 28%, '모르겠다' 26%와는 많은 차이를 보인다. '앞으로 이 세상의 종말이 오면 모든 사람은 절대자의 심판을 받게 되어 있다'고 생각하는지 묻는 질문에, '아니다'라고 대답한 비율이 60%로 가장 많았고, '그렇다'는 25%, '모르겠다'는 16%로 나타났다. 1984년에 '그렇다'가 35%, '모르겠다'가 33%, '아니다'가 32%로 응답한 것과는 많은 차이가 있다. 그리스도교적 성향 역시 계속 감소하는 모습을 보이고 있다.[198]

그리스도교적 성향은 그리스도교인과 비그리스도교인 사이의 격차가 매우 큰 것으로 나타났다. '창조설'과 '절대자의 심판설'은 개신교에서만 60% 내외로 긍정하고 있으며, 나머지 종교에서는 50% 이하이다. 1984년에는 천주교와 개신교가 그리스도교적 성향이 비슷

자식은 부모의 뜻에 순종해야 한다.	불교인	58	50	42	39
	개신교인	43	42	34	36
	천주교인	41	44	34	31
	비종교인	46	40	34	28

198) 한국갤럽조사연구소, 『한국인의 종교 1984-2014』, 56쪽.

		1984년	1997년	2004년	2014년
이 세상은 그냥 만들어진 것이 아니라 초자연적인 힘을 가진 누가 만들었다	그렇다	46	42	35	34
	아니다	28	37	45	52
	모르겠다	26	21	20	15
앞으로 세상에 종말이 오면 모든 사람은 절대자의 심판을 받게 되어 있다.	그렇다	35	29	22	25
	아니다	32	46	58	60
	모르겠다	33	25	20	16

한 비율이었지만, 최근에는 양쪽 모두 감소했고, 특히 천주교에서 많은 감소를 보이고 있다. 천주교인은 개신교인보다는 오히려 불교인의 성향과 더 유사한 점이 많다.[199)]

(3) 한국인들의 불교적 성향

불교적인 성향을 얼마나 가지고 있는지 알아보기 위해서 '윤회설'과 '해탈설'에 관련된 질문을 했다. '사람이 죽으면 어떤 형태로든지 이 세상에 다시 태어난다'고 생각하는지 묻는 질문에, '아니다'라고 대답한 비율이 53%로 가장 높았고, '그렇다'는 28%, '모르겠다'는 19%로 나타났다. 1984년에 비해서 '그렇다', '아니다' 모두 비율이 높아졌고, '모르겠다'는 입장이 줄어들었다. '누구나 진리를 깨달으면 완전한 인간이 될 수 있다'고 생각하는지 묻는 질문에, '아니다'라고 대답한 비율이 51%로 가장 높았고, '그렇다'가 35%, '모르겠다'는 14%로 나타났다. 1984년에 비하면 '그렇다'는 줄어들고, '아니다'가 늘었다.[200)] 여기서 주목할 점은 '윤회설'과 '해탈설'에 대한 개신교의

---

199) 같은 책.

		1984년	1997년	2004년	2014년
창조론	불교인	42	34	31	34
	개신교인	80	74	70	59
	천주교인	82	64	54	45
	비종교인	33	28	19	21
최후의 심판	불교인	30	20	11	16
	개신교인	76	70	64	61
	천주교인	76	49	35	38
	비종교인	19	14	7	12

200) 한국갤럽조사연구소, 『한국인의 종교 1984-2014』, 58쪽.

		1984년	1997년	2004년	2014년
사람이 죽으면 어떤 형태로든지 이 세상에 다시 태어난다	그렇다	21	26	27	28
	아니다	47	48	49	53
	모르겠다	33	27	23	19

긍정률이 불교와 거의 비슷하다는 점이다. 심지어 해탈설은 개신교
가 불교보다 더 높다.[201]

(4) 초자연적 존재 및 현상에 대한 믿음

종교의 중요한 주제인 '초자연적 존재'를 믿는지 알아보기 위해서
'절대자/신', '극락/천국', '죽은 다음의 영혼', '기적', '귀신/악마'의 존재
를 믿는지에 대해 질문한 결과, 초자연적 실재들이 존재한다는 믿음
은 개신교인이 가장 높았고(모든 초월적 실재나 현상에 대해 70% 이상), 그 다
음은 천주교인(60% 이상), 불교인(50% 내외), 비종교인(대체로 30% 미만) 순
으로 나타났다.

세부적으로 살펴보면, '절대자 또는 신이 존재한다고 믿는지' 묻는
질문에 대해 개신교인이 79%로 가장 높았고, 뒤를 이어 천주교인이
59%, 불교인이 44%, 비종교인이 16%로 나타났다. '극락이나 천국이
있다고 믿는지' 묻는 질문에도 개신교인이 82%로 가장 높았고, 천주
교인 65%, 불교인이 51%, 비종교인이 18% 순으로 나타났다. '죽은
다음에도 영혼이 계속 존재한다고 믿는지' 묻는 질문 역시 개신교가
79%로 가장 높았고, 뒤를 이어 천주교 64%, 불교 55%, 비종교 28%

누구나 진리를 깨달으면 완전한 인간이 될 수 있다	그렇다	49	35	30	35
	아니다	34	47	52	51
	모르겠다	17	18	18	14

201) 위의 책, 58-59쪽.

		1984년	1997년	2004년	2014년
윤회설	불교인	29	37	37	38
	개신교인	21	25	22	34
	천주교인	25	30	40	29
	비종교인	17	22	23	21
해탈설	불교인	53	37	41	42
	개신교인	50	32	22	43
	천주교인	51	42	28	36
	비종교인	48	35	28	27

순이었다. '기적의 가능성을 믿는지' 묻는 질문에 개신교인이 84%로
가장 높았고, 그 뒤를 이어서 천주교가 71%, 불교 57%, 비종교 42%
순이다. '귀신이나 악마가 있다고 믿는지' 묻는 질문에도 개신교가
73%로 가장 높았고, 천주교 61%, 불교 48%, 비종교인 22% 순으로
나타났다.[202]

(5) 종교적 관용성

한국인들이 다른 종교들에 대해 배타적인지 포용적인지 알아보기
위해서 '여러 종교의 교리는 얼핏 생각하면 서로 달라 보이지만, 결
국은 같거나 비슷한 진리를 말하고 있다'고 생각하는지 묻는 질문에
'그렇다'고 대답한 비율이 70%로 압도적으로 높았고, '아니다'는 24%,
'모르겠다'는 6%를 차지했다. 1984년에 비하면, 종교 간 차별성이 약

202) 한국갤럽조사연구소, 『한국인의 종교 1984-2014』, 59-61쪽.

		1984년	1997년	2004년	2014년
절대자/신	불교인	57	45	37	44
	개신교인	85	89	84	79
	천주교인	84	75	60	59
	비종교인	35	30	23	16
극락/천국	불교인	44	43	36	51
	개신교인	72	86	81	82
	천주교인	72	73	57	65
	비종교인	24	22	19	18
죽음 다음의 영혼	불교인	53	54	51	55
	개신교인	78	86	81	79
	천주교인	82	78	66	64
	비종교인	38	36	33	28
기적	불교인	50	53	57	57
	개신교인	84	89	84	82
	천주교인	86	83	72	71
	비종교인	48	48	52	42
귀신/악마	불교인	38	55	44	48
	개신교인	71	85	78	73
	천주교인	65	67	55	61
	비종교인	23	35	31	22

간 높아진 결과로 나타났다. 또한 '아무리 선한 사람이라도 종교를 믿지 않으면 극락이나 천국에 갈 수 없다'고 생각하는지 묻는 질문에, '아니다'라고 대답한 비율이 67%로 가장 높았고, '그렇다'는 20%, '모른다'는 13%로 나타났다.[203]

각 종교별로 살펴보면, 개신교는 다른 종교들에 비해 배타성이 높은 것으로 나타났고, 다른 종교들과 비종교인들은 포용적인 성향을 보이는 것으로 나타났다. 이는 다른 종교들과 비종교인에게는 한국인의 전통적인 종교적 심성이 더 큰 영향을 미치고 있지만, 개신교의 경우에는 한국인의 종교적 심성보다 개신교의 배타적인 교리에 더 많은 영향을 받았기 때문이다.[204] 한국에서 개신교에 대한 거부감이 높아진 이유 중의 하나는 이런 배타적인 태도 때문이다. 한국인들은 일반적으로 높은 종교적 관용성을 보이는데, 개신교는 배타적인 태도로 다른 종교와의 갈등을 많이 야기하고 있기 때문에, 사람들에게 비호감 종교가 되고 있다.

---

203) 한국갤럽조사연구소, 『한국인의 종교 1984-2014』, 59-61쪽.

		1984	1989	1997	2004	2014
각 종교의 진리는 결국 같거나 비슷하다	그렇다	78	77	80	75	70
	아니다	12	15	19	20	24
	모르겠다	10	8	1	5	6
선한 사람이라도 종교를 믿지 않으면 극락/천국에 갈 수 없다	그렇다	17	18	18	19	20
	아니다	66	70	69	72	67
	모르겠다	16	13	13	10	13

204) 같은 책.

		1984	1989	1997	2004	2014
각 교리는 비슷하다	불교인	80	79	87	82	79
	개신교인	65	64	62	53	49
	천주교인	86	80	85	74	79
	비종교인	80	81	84	81	74
종교를 믿지 않으면 극락/천국에 못 간다.	불교인	73	76	79	84	85
	개신교인	37	39	32	31	36
	천주교인	61	69	73	72	67
	비종교인	74	79	80	83	76

(6) 종교를 믿는 이유 / 삶의 우선순위

'종교를 믿는 이유가 무엇인지' 묻는 질문에 '마음의 평안을 위해서'라고 응답한 비율이 60%로 가장 높았고, '복을 받기 위해서'가 15%, '죽은 다음의 영원한 삶을 위해서'가 14%, '삶의 의미를 찾기 위해서'가 10%로 나타났다. 지난 30년 동안의 결과, 모두 '마음의 평안'을 얻기 위해서'라는 응답이 계속해서 절반 이상을 차지했고, '복', '영원한 삶', '삶의 의미'는 비슷한 비율로 지속되었다. 시대의 흐름과 사회의 변화와는 관계없이 종교를 믿는 목적은 크게 변하지 않았다. 각 종교별로 약간의 비율의 차이가 있기는 하지만, 종교를 믿는 목적 자체는 큰 차이를 보이지 않는다. 다만 개신교에서는 '영원한 삶'이라고 응답한 비율이 28%로 다른 종교에 비하면 상대적으로 높았고, '마음의 평안'이라고 응답한 비율이 49%로, 다른 종교에 비해서 상대적으로 낮은 모습을 보인다. 개신교를 제외한 다른 종교는 거의 비슷한 비율을 보이고 있다.[205]

한국인들이 무엇을 중요하게 생각하는지 알아보기 위해서 '살아가는 데 특히 중요하다고 생각하는 것'을 두 가지 선택하라고 한 결과, '건강'이 53%로 가장 높았고, 뒤를 이어 '즐거운 가정생활'이 37%, '돈'이 25%, '좋은 친구들'이 22%, '마음의 평안'이 18%, '좋은 직업'이 14%, '충분한 여가/휴식 시간'이 12%로 나타났다. 이는 삶의 우선순

---

205) 한국갤럽조사연구소, 『한국인의 종교 1984-2014』, 36-37쪽.

	1984	1989	1997	2004	2014
복을 받기 위해서(건강, 재물, 성공 등)	13	11	12	16	15
죽은 다음의 영원한 삶을 위해서	11	11	12	8	14
마음의 평안을 얻기 위해서	58	65	67	68	60
삶의 의미를 찾기 위해서	12	10	7	7	10
기타	4	2	2	2	1

위에서 가치나 신념, 종교 등 정신적인 부분보다는, 부와 건강 등 세속적인 가치가 더 중요한 비중을 차지하고 있다는 것을 보여준다. 각 종교별로 크게 눈에 띄는 차이점은 없다. 다만 개신교인은 다른 종교에 비해서 '종교'(18%)의 비중이 약간 높게 나타났다. 그리고 '돈'은 다른 모든 종교에서 우선순위의 세 번째(20% 이상)를 차지하고 있지만, 천주교에서는 '돈'(16%)보다 '마음의 평안'(25%)이 더 높게 나타났다. 종합적으로 판단할 때, 한국인의 종교의식 속에는 전통적인 현세 기복적인 태도가 여전히 이어지고 있다.[206]

2) 종교의식 조사 결과의 시사점

2014년 한국갤럽의 조사 결과를 살펴본 결과, 현재 한국인들의 종교의식 안에는 여러 종교의 교리가 혼합되어 있었다. 이는 한국인의 종교적 심성 안에는 무교적인 요소가 토대가 되어 있고, 불교와 유교, 그리스도교의 가르침이 기둥이 되어 현재 한국인들의 종교의식을 세웠다는 기존의 입장이 여전히 유효하다는 것을 보여준다. 여기

206) 위의 책, 76-77쪽.

	1984	1989	1997	2004	2014
좋은 친구들이 있는 것	12	13	16	20	22
여가/휴식 시간이 많은 것	2	2	7	9	12
가정생활이 즐거운 것	41	42	38	31	37
직업이 좋은 것	5	0	4	7	14
돈이 많은 것	11	13	14	31	25
종교를 갖는 것	11	10	7	5	5
건강한 것	56	62	62	61	53
남을 돕는 것	7	6	6	3	2
존경을 받는 것	3	4	2	2	4
마음이 평안한 것	25	25	29	23	18
신념을 갖고 생활하는 것	27	23	14	10	6

서 주목할 점은 과학기술과 물질문명이 발전한 이 시대를 살아가고 있지만, 여전히 많은 한국인들이 초자연적인 현상을 믿고 있다는 점이다. 이것은 한국인들에게도 체험적인 요소와 여러 가지 종교 현상들이 지금도 유의미하다는 것을 뜻한다.

인생에서 중요하다고 생각하는 것들은 '가치나 신념, 종교 등 정신적인 부분'보다는 '부와 건강 등 세속적인 가치'가 더 중요한 비중을 차지하고 있는 것으로 보아, 이 시대의 한국인들에게도 '현세 기복적인 성향'은 여전히 강하게 나타나고 있다는 점을 알 수 있다. 따라서 시대의 흐름과 사회적 변화에 따라서 약간의 변화는 있지만, 기본적인 한국인의 종교적 심성과 성향은 크게 변하지 않고 그대로 유지되고 있다고 판단할 수 있다.

종교적 관용성을 묻는 질문에, '여러 종교의 교리는 얼핏 생각하면 서로 달라 보이지만, 결국은 같거나 비슷한 진리를 말하고 있다'고 대답한 비율이 70%로 높게 나타났다. 이는 각 종교들이 유념해야할 사항이다. 이는 한국의 종교들이 서로 배타적 진리 독점권을 주장하면서 반목과 갈등을 하기보다는, '서로에게 배우고 함께 발전하는' 상호 선교를 위해 노력하는 것이 현대 한국인들에게 긍정적으로 인식될 가능성이 높다는 것을 시사한다.

'종교를 믿는 이유가 무엇인지' 묻는 질문에 '마음의 평안을 위해서'라고 응답한 비율이 60%로 가장 높았다. 이 점은 이 시대 한국인들에게 종교가 어떤 역할을 해야 하는지 알려준다. 또한 한국인의 종교의식 안에 신사도 운동의 세계관이 잘 뿌리 내릴 수 있을지, 그리고 이 시대 한국인들의 종교적인 요구에 신사도 운동이 적합한지, 2014년 조사 결과와 신사도 운동의 세계관을 비교해 볼 필요가 있다.

신사도 운동의 주장과 기존의 서구적 세계관은 많은 차이가 있다. 이는 제3의 물결이 보이는 일반적인 성향이다. 신사도 운동의 세계관은 서구의 합리적인 세계관보다는, 오히려 동양적인 세계관에 더 가까운 경향을 보인다. 특별히 신사도 운동에서 강조하고 있는 주요 특징들은 '초자연적이고 영적인 존재의 인정', '중간계의 영들이 지상에 주는 영향', '여러 가지 기적과 이사異事'이다. 최근에 많이 줄어들기는 했지만, 여전히 많은 한국인들이 이런 요소들을 강하게 믿고 있다.

한국인들의 종교적 심성에 가장 큰 영향을 준 것은 바로 무교이고, 한국인들의 종교적 심성에 따라 제일 유동적으로 반응하는 것 또한 바로 무교이다. 한국갤럽의 조사 결과를 볼 때, 초자연적인 존재에 대한 한국인들의 높은 믿음은 무교적 세계관의 영향을 받았다고 볼 수 있다. 그리고 한국갤럽 조사 결과 무교적인 성향과 가장 유사한 모습을 보인 것은 개신교로 나타났다. 같은 그리스도교 전통에 있지만, 천주교는 개신교가 아니라 오히려 불교와 더 가까운 모습을 보이고 있으며, 개신교는 무교와 더 가까운 모습을 보이고 있다.

이처럼 신사도 운동이 초자연적인 현상을 바라보는 관점이 현재 한국인들의 종교관과 상당 부분 일치하기 때문에, 초자연적인 기적과 카리스마적 은사를 강조하는 신사도 운동의 주장이 현재 한국인들에게 설득력 있게 다가갈 수 있다. 또한 한국 무교의 세계관과 많은 유사성을 보이고 있기 때문에 한국 무교와 신사도 운동 사이에 상호 선교의 가능성은 충분하다고 볼 수 있다.

4
한국 무교와 신사도 운동의
종교관 비교

한국 무교와 신사도 운동의 상호 선교를 위해서는 먼저 이들의 공통점을 찾아볼 필요가 있다. 한국갤럽의 조사항목 중에서 초자연적인 실재에 대한 다섯 가지 주제를 중심으로 이 둘의 유사한 부분을 보다 구체적으로 살펴본 다음, 한국 무교와 신사도 운동의 상호 선교에 관해서 알아보도록 하겠다.

1) 절대자/신

개신교는 신의 존재를 믿는 비율이 80% 내외로, 다른 종교에 비해서 매우 높은 비율을 보이고 있다. 그만큼 개신교에서는 신의 존재가 매우 중요하다. 마찬가지로 무교에서도 신이 많은 역할을 한다. 그러나 무교의 신령은 인간보다 조금 더 강력할 뿐이지, 그리스도교의 하나님과 같이 절대적인 위엄과 권위를 가진 존재는 아니다. 또한 유일신과 다령신이라는 신관의 차이는 존재하지만, 지금도 신이 인간에게 많은 영향을 준다고 믿는 점에서는 일치한다.

(1) 공수와 직통 계시

신은 인간에게 자신의 뜻을 계시한다. 무교에서는 공수를 통해서 직접 자신의 뜻을 드러낸다. 공수는 무가의 한 부분이다. 굿판에서 사용하는 모든 언어를 무가라고 하는데, 공수는 무당이 신도에게 내려주는 신령의 말씀이다. 즉 '인간에게 내리는 신령의 의사 표현'이다. 신도가 없이 구송하는 서사 무가는 공수가 아니다. 타령은 신령에게 바치는 인간의 노래이다. 굿판의 상황에 따라 가변적이다. 굿판이 아닌 점사에서 신령의 뜻을 전하는 것은 공수가 아니다. 점사에서는 신령의 뜻을 간접적으로 전하지만, 공수는 신령이 화자가 되어 직접 말한다.[207] 공식 공수는 무당이 임의적으로 바꿀 수 없는 것으로, 오랫동안 전승된 질서를 따른다. 그러나 개별 공수는 듣는 사람의 상황에 따라 달라지기 때문에 '새로운 형식이나 언사가 가능하다. 공식 공수는 전통 지향적이고, 개별 공수는 새로움의 지향이다.[208]

"공수는 신의 말씀이며 인간의 말이다."[209] 신의 말을 나름대로 풀어서 말하는 것도 공수의 확장이다. "신의 말을 통해 신성성을 획득하고, 인간의 말을 통해 소통성을 확장한다." 무당은 신의 대리인이면서 인간이다. 한국의 무당들은 '성인'(聖人)으로 보지 않는다. 단지 자신들의 목표를 이루는 것을 도와주기 위해서 보이지 않는 신령 존재들과 연결해 주는 능력이 있는 '유능한 개인'일 뿐이다.[210]

신사도 운동에서도 직통 계시와 예언 사역자가 있는데, 이는 공수

---

207) 홍태한, 「강신무 굿판의 공수의 의미와 기능」, 『남도민속연구』 21(남도민속학회, 2010), 341-342쪽.
208) 위의 글, 350쪽.
209) 위의 글, 358쪽.
210) 돈 베이커, 『한국인의 영성』, 83쪽.

와 같은 현상이라고 볼 수 있다. 예언 사역자들도 무당의 공수처럼 하나님이 직접 화자로 말씀을 선포한다. 이 예언 사역자들도 성경에 있는 말씀을 그대로 공식 공수와 같은 형식으로 선포하기도 하고, 개별 공수처럼 각자 처한 상황에 맞는 말씀을 선포하기도 한다.

개신교의 다른 전통에서는 은사중지론을 주장하고 있지만, 신사도 운동은 은사지속론을 따르고 있다. 신사도 운동에서는 하나님께서는 여전히 직접적으로 인간에 개입하고 있으며, 직통 계시를 통해서 자신의 뜻을 나타낸다고 믿는다. 따라서 신사도 운동에서는 하나님의 음성을 듣는 훈련을 하고 있으며, 사도의 은사 못지않게 예언의 은사를 강조한다. 앞에서 언급한 대로 하나님은 성경의 계시뿐만 아니라, 때로는 '초자연적인 수단'을 사용한다고 말한다. 그러나 모든 사람들이 예언자가 될 수 있는 것은 아니다. 하나님께서는 특정한 사람들에게만 예언의 은사를 주시기 때문이다. 이것은 모든 사람이 무당이 될 수는 없는 것과 마찬가지이다.

(2) 신내림과 임파테이션

무교에서 강신무가 되기 위한 가장 기본적인 조건은 바로 신내림을 받는 것이다. 신내림 현상은 사람에 따라서 다양하게 나타난다. 보통은 신병으로 시작되는데, 신병은 별다른 원인이 없이 아프거나 병에 걸리고, 환청을 듣거나 환영을 보는 증상으로 나타난다. 이후에 내림굿을 통해서 병을 치료받고 정식으로 무당이 될 수 있다. 신내림을 통해서 여러 가지 능력을 받는다. 굿을 할 때도 무당은 '탈혼, 전이, 빙의' 등의 강력한 종교 체험을 하게 된다. 이를 통해서 신의 뜻을 전하고, 병을 고치고, 악귀를 쫓아내는 등, 여러 가지 초자연적인 사역을 하게 된다.

신사도 운동에서도 성령 체험은 매우 중요하다. 성령 체험은 다양한 방식으로 일어난다. 앞에서 언급한 것처럼 "쓰러지거나, 부들부들 떨거나, 잠시 몽롱한 상태로 드러눕거나, 방언을 홍얼거리거나, 짜릿한 느낌이 전류처럼 몸속으로 흐르는 느낌 등"으로 나타난다. 또한 여러 가지 은사들을 받게 되는데, '중보기도의 기름 부음', '치유의 기름 부음', '사도적 기름 부음' 등 신사도 운동의 중요한 개념들이 바탕이 되는 것이 바로 '기름 부음'이다. 또한 '임파테이션'이라는 개념이 중요하다. 능력 있는 사역자에게 안수를 받음으로써 그 능력이 전수된다는 뜻이다. 임파테이션으로 성령의 여러 가지 능력을 전수받을 수 있다.

공수와 직통 계시, 신내림과 임파테이션의 예에서 볼 수 있듯이, 신사도 운동과 한국 무교는 둘 다 신의 존재를 인정하며, 여전히 인간들 사이에서 신이 활동하고 있고, 인간들에게 직접적으로 개입한다고 믿는다는 점에서 공통점을 가지고 있다.

2) 죽은 다음의 영혼, 극락/천국

무교와 신사도 운동은 죽은 다음에도 영혼이 존재한다고 믿는다. 비록 육신은 땅에 묻히지만, 영혼은 육신의 죽음과 함께 소멸되는 것이 아니라, 죽은 육신에서 분리되어 별도로 존재한다는 뜻이다.

무교에서는 죽은 사람의 영혼이 조상이 되거나 원귀가 된다고 믿는다. 이상적인 죽음을 맞이한 사람들은 후손을 보호하는 조상이 되지만, 생전에 원한이 풀리지 않은 사람들은 저승으로 가지 못하고 원귀가 되어 질병이나 재앙 등으로 인간들에게 해를 미치게 된다. 따라서 이들을 저승으로 천도하기 위한 절차인 사령제가 무교에서는 매우 중요하다. 저승으로 간 영혼들은 심판을 받게 된다. 이승에서 공덕을 많이 쌓은 사람들은 저승에서 영생을 하지만, 죄가 많은 사람들은 지옥의 형벌을 통해 정화 과정을 거치고 저승으로 들어간다. 환생하는 경우도 있는데, 착한 사람들은 나비나 새가 되어 이승으로 환생하고, 죄가 많은 사람들은 말이나 소, 지네 또는 구렁이로 환생한다.[211]

신사도 운동에서는 그리스도교의 전통 교리인 천국과 지옥을 강하게 믿는다. 따라서 구원받은 사람들은 천국에서 영원한 삶을 누리지만, 구원받지 못한 사람들은 지옥 불에서 영원히 고통받는다고 믿는다. 그러나 동시에 하나님 나라의 현존을 강조한다. 성령의 능력으로 이 땅에서 하나님 나라의 축복을 누릴 수 있고, 반대로 악령에 사로잡혀 지옥의 고통을 당할 수도 있다. 이런 의미에서 신사도 운동에서 말하는 하나님의 나라는 내세적이면서도 현세적인 성격을 동시에 지닌다고 할 수 있다.

3) 귀신/악마

일제의 촉탁학자로 한국의 민간신앙을 연구한 무라야마는 한국인

---

211) 박일영, 『한국 무교의 이해』 167-171쪽.

들의 종교관에서 가장 중요한 것이 바로 귀신이라고 평가했다. 그는 한국인들의 민간신앙 안에는 "천지, 산천, 금수, 초목 그 어떤 것이든 귀신이 되지 않는 것이 없고, 천상, 공중, 지상, 수중 그 어느 곳이든 귀신이 존재하지 않는 곳이 없다."고 말하며, "한국인들은 모든 재해나 질병이 귀신 때문에 생긴다고 생각한다."고 기록했다.[212] 이렇듯 무교에서는 귀신의 존재를 믿고 있으며, 이 귀신들은 사람들에게 직접적인 영향을 미칠 수 있다고 생각한다. 그러나 그 역할은 고정되어 있지 않고, 때로는 도움을 주기도 하고 때로는 해를 미치기도 하는데, 그것은 인간들이 하기 나름이다.

신사도 운동에서도 악마의 존재를 믿고 있는데, 무교의 귀신들과는 달리 그 역할이 고정되어 있다. 즉 악마들은 인간에게 나쁜 영향을 미친다는 것이다. 신사도 운동에서는 인간 사회의 조직을 악으로 다스리는 자들마다 초자연적인 악의 존재의 지배를 받고 있기 때문에, 이들을 없애기 위해서 '영적 전쟁'을 해야 한다고 주장한다.

(1) 축귀와 영적 전쟁

신사도 운동에서 악마는 적극적으로 대적해야 할 적군이며, 영적 전쟁을 통해서 물리쳐야 할 존재이다. 영적 전쟁에는 세 가지 차원이 있다. 앞에서 언급한 대로, '국지 차원의 영적 전투', '주술 종교 차원의 영적 전투', '전략 차원의 영적 전투'이다. 신사도 운동에서는 그리스도교 이외의 다른 종교들도 모두 악의 세력이라고 규정하며, 인간의 정치, 경제, 사회, 문화 등 전반에 걸쳐서 악의 세력이 지배하고

---

212) 김희영, 『풍속조사 자료를 통해 본 무라야마 지준의 조선 인식』(서울: 민속원, 2014) 72-73쪽.

있다고 믿는다.

무교에서도 모든 재해나 질병이 귀신 때문에 생긴다고 믿기 때문에, 귀신을 위협해서 쫓아버리거나, 아니면 잘 달래서 돌려보내는 의식을 한다. 앞에서 언급한 대로, 무교에는 영적인 존재들이 인간들에게 많은 영향을 미칠 수 있다고 믿고 있다. 그러나 그 역할은 고정적이지 않고, 사람들이 어떻게 하느냐에 따라서 선령이 될 수도 있고, 악령이 될 수도 있다. 악귀를 쫓아내려는 축귀는 신사도 운동의 '국지적 차원의 영적 전투'와 비슷한 성격을 지닌다.

(2) 지신 밟기와 땅 밟기

신사도 운동은 지역신의 개념을 받아들이고 있다. 어느 특정 지역을 지배하는 악령이 있기 때문에, 그 지역의 땅을 밟으며 기도하는 땅 밟기 기도를 강조한다. 땅 밟기 기도를 제대로 하기 위해서는 어느 지역을 어떤 종류의 악령들이 지배하고 있는지 표시하는 영적 도해 작업이 중요하다. 영적 도해에 들어가는 내용은 그 지역의 과거의 고통스러웠던 사건들로 인해 원한이 맺힌 곳, 그 지역에 있는 영적·종교적 시설들, 그 지역 사람들이 섬기는 신들 등이다. 신사도 운동에 따르면, '사탄의 견고한 진'이 무너지지 않으면 그 지역은 각종 범죄와 수많은 악행, 빈곤과 가난, 사회적 부정부패 등에 사로잡혀 있게 된다. 따라서 땅 밟기 기도의 최종 목적은 그 지역에 영향을 미치고 있는 악령들을 쫓아내는 것이다.

무교에서도 지역신 개념이 있다. 산에는 산신령이 있고, 물에는 물귀신이 있다. 마을 곳곳에 신령들이 있으며, 각 가정에도 집안 곳곳마다 신령들이 자신의 영역을 지키고 있다. 각 지역의 신령들을 위해서 음식을 장만하여 정성을 바치거나 때로는 굿을 하기도 한다. 또한 큰 사고나 질병으로 많은 사람들이 죽거나 다친 곳, 역사적인 큰 사건으로 여러 사람들의 한이 맺힌 곳, 유난히 안 좋은 일이 많이 일어난 곳 등에서 한을 풀어 주고 넋을 위로하는 의식을 갖기도 한다. 따라서 무교에는 영적 도해라는 개념은 없지만, 이미 실천적으로 영적 도해를 갖추고 있다고 볼 수 있다.

또한 신사도 운동의 땅 밟기 기도와 비슷한 성격의 지신 밟기가 무교에는 있다. 이는 지신(地神)을 밟아서 진정시키고 각 가정의 재앙을 막고 복을 비는 행위이다. 지역에 따라서 터 밟기 등 다른 이름으로 불리기도 하지만, 기본적인 목적과 땅을 밟는다는 의미는 모두 동일하다고 볼 수 있다.[213]

4) 초자연적인 기적과 축복

(1) 치병과 치유

질병관은 일반적으로 그 사회에 통용되는 가치관과 밀접한 관계를 맺고 있다. 이부영은 우리나라 사람들이 생각하는 질병의 원인을 "자연의 순리와 질병, 귀신의 분노로 인한 신벌 및 복수, 귀신의 체내 침입 또는 빙의, 영혼의 상실" 등이 있다고 정리했다.[214] 무라야마 지준은 전통적으로 한국인들은 질병의 원인이 귀신이라고 생각했

213) 박전열, 「동제에 있어서 걸립의 문제」, 한국민속학회, 『민간신앙 1』(서울: 민속원, 2008), 444-445쪽.
214) 이부영, 『한국의 샤머니즘과 분석심리학』, 205-213쪽.

고, 귀신의 침입에 의해서 병에 걸렸으니 귀신을 쫓아내야 병을 고친다는 관념을 가지고 있었다고 보았다. 그에 따르면, 전통적인 한국인들의 인생관은 자기 이외의 힘, 불가사의한 힘인 정령들에 의해서 좌우된다고 믿었다.[215] 이런 이유로 생겨난 것이 병굿이다. 병굿은 지역에 따라서 다양한 명칭이 있지만, 병을 일으키는 귀신을 달래거나 쫓아내서 병을 치료하려는 목적은 모두 동일하다. 영적인 능력으로 질병을 치료하는 시도이다.

신사도 운동에서도 '파워 전도(능력 전도)와 파워 힐링(능력 치유)'이 중요한 위치를 차지하고 있다. 파워 전도는 초자연적인 은사나 다른 여러 가지 영적인 현상들이 분명하게 나타나는 것을 통해서 개인이나 집단에게 은총을 베푸는 전도 집회를 말한다. 이때 치유의 기적도 많이 일어나는데, 그것이 바로 하나님 나라의 표징이라고 주장한다. 이들은 병자들을 위한 기도와 치유를 중요하게 생각한다. 실제로 신사도 운동에서는 기적적인 치유가 많이 나타난다. 그렇다고 이들이 현대의학을 무시하는 것은 아니다. 의학의 도움을 인정하면서도 기적적인 치유의 은사를 강조하고 있다.

(2) 기복과 축복

사람들이 무교의 특징을 '현세 기복적'이라고 평가하듯이, 무교에서는 이 세상에서 건강하고 행복하게 살며, 많은 물질적인 축복을 얻기를 기원한다. 이는 자신의 노력으로 성취하려는 시도가 아니라, 그보다는 정성을 다해 신령을 섬겨서 얻게 되는 초자연적인 축복을

---

215) 김희영, 『풍속조사 자료를 통해 본 무라야마 지준의 조선인식』 78-86쪽.

의미하는 경우가 많다.

신사도 운동에서도 현세의 축복을 매우 중요하게 생각한다. 물질적인 부에 대한 신사도 운동의 태도는 전통적인 그리스도교와는 많이 다르다. 전통적인 그리스도교에서는 청빈과 가난을 중요하게 생각했는데, 신사도 운동에서는 이런 태도를 비판하며, 교회가 악독한 가난의 영에서 벗어나 하나님의 축복을 받아야 한다고 주장한다. 신사도 운동에서는 하나님의 축복으로 많은 부와 건강과 행복을 얻는 것을 중요하게 생각하며, 이를 위하여 하나님께 더 많은 헌신과 기도를 해야 한다고 믿는다.[216] 그러나 신사도 운동의 이런 주장은 미국식 자본주의와 결합된 번영 신학으로, 그리스도교의 정신과는 어긋난다고 비판하는 입장도 있다.[217]

5) 세계관의 유사성

신사도 운동과 무교는 초자연적인 능력이나 기적들을 바라보는 관점이 같으며, 성직자에게 강한 초자연적인 능력을 기대하는 점도 일치한다. 또한 현세에서 얻는 물질적인 축복이나 건강, 행복한 삶을 중요하게 생각하는 점에서도 일치한다.

신사도 운동은 전통적인 그리스도교의 세계관과는 다른 입장에 있다. 오히려 동양적인 세계관에 더 가깝다고 볼 수 있다. 신사도 운

---

216) 피터 와그너, 『오늘날의 사도』, 168-169쪽.
217) 자세한 사항은 Hank Hanegraaff, *Christianity in Crisis: The 21st Century*, 김성웅 역, 『바벨탑에 갇힌 복음』(서울: 새물결플러스, 2010) 참조.

동에서는 전통적인 그리스도교의 세계관에서 배제된 중간층 개념을 다시 회복해야 한다고 주장한다. 서구의 물질주의적이며 자연주의적인 세계관에서는 초자연적인 존재나 현상들에 대해서 거부하는 반면, 제3세계에서는 귀신과 악령의 실재를 인식하며 살아가고, 초자연적인 힘을 통해서 육체나 정신적인 질병, 가난과 기근, 가뭄과 홍수 등을 극복할 수 있다고 믿는다. 신사도 운동에서는 이런 제3세계의 세계관이 오히려 더 성서의 세계관에 가깝기 때문에, 그리스도교에서 이런 세계관이 다시 회복되어야 한다고 주장한다.[218] 이런 신사도 운동의 주장은 한국 민간신앙의 세계관과 많은 부분이 일치한다. 따라서 한국의 민간신앙을 가장 많이 반영하고 있는 무교와 상호 선교의 가능성은 충분히 높다고 평가할 수 있다.

---

218) 피터 와그너, 『제3의 바람』, 150-154쪽.

PART 3

현대의 선교와
한국의 종교 상황

1
현대의 선교: 상호 선교

　선교는 교회의 본질이자 사명이다. 교회는 "사도적 교회이며 선교적 공동체"이기 때문에 교회의 존재 이유가 바로 선교라고 해도 과언이 아니다.[219] 선교는 교회의 존재 목적이다. 교회 신자수를 늘리거나 교회의 세력을 확장하기 위한 수단으로 선교가 존재하는 것이 아니라, 교회가 선교를 위해서 존재한다.[220]

　그리스도의 지상명령인 선교 사명은 시대의 변천과 사회의 변화, 그리고 선교의 대상에 따라서 다양하게 해석되어, 수많은 선교적 입장과 방법론을 양산하게 되었다. 현대사회는 급속한 발전과 수많은 변화들로 인하여 선교에 대한 새로운 이해와 효과적인 선교의 방법을 다시 연구할 필요가 있다. 교회의 역사가 지속되어 오는 동안 세상은 여러 번의 급격한 패러다임의 변화가 있었고, 교회는 그 변화에 창조적으로 대응했기 때문에 지금까지 존재할 수 있었다. 따라서 지금의 교회도 시대와 상황에 맞도록 창조적으로 대응할 필요가 있

---

219) Richard Friedli, *Mission oder Demission*, 박일영 역, 『현대의 선교』(서울: 성바오로, 1989), 23-25쪽; 『교회의 선교 활동에 관한 교령』 2항.
220) 박일영, 「한국 가톨릭에 대한 일반인의 종교적 인식」, 김재득 외, 『천주교와 한국 근·현대의 사회문화적 변동』(서울: 가톨릭출판사, 2004), 21쪽.

다.[221]

이전의 선교는 서구 우월주의와 타종교에 대한 배타주의적인 입장에서 서구의 그리스도교를 피선교지역에 일방적으로 이식하려는 데 노력을 쏟았다. 그러나 지금의 선교는 각 지역의 문화와 전통을 존중하고, 그 지역의 전통 종교와 민간신앙 등과 함께 서로에게 배우고 서로 성장하는 상호 선교를 하는 데 관심을 기울여야 한다.[222] 서구의 그리스도교 안에는 보편적인 복음뿐만 아니라 문화적인 요소도 포함되어 있기 때문에 이를 구별할 필요가 있다. 또한 선교를 할 때는 복음의 본질은 유지하면서 문화적인 요소는 선교지역에 맞도록 문화적 적응을 해야 한다. 선교에는 그리스도교 복음의 보편성과 각 지역 문화의 특수성과의 조화가 필요하다.[223]

우리나라의 역사와 문화는 오랜 시간 동안 유지되었던 다종교 상황 속에서 꽃피웠으며, 지금도 여전히 여러 종교들이 동시에 활발히 활동하고 있는 상태이다. 따라서 한국에서는 이웃 종교들에 대한 존중과 대화가 더욱 필요하며, 피상적인 대화를 넘어 상호 선교의 길로 나아가야 한다.[224] 상호 선교의 목적은 라이문도 파니카(R. Panikkar)가 말한 종교 간의 대화의 목적과 같다. 즉 상대방을 제압하려는 적대적인 태도나 완전한 합의에 이르러 하나로 합치려는 혼합주의적

---

221) David J. Bosch, *Transforming Mission*, 김병길·장훈태 공역, 『변화하고 있는 선교』(서울: 그리스도교문서선교회, 2000) 26-38쪽.

222) 박일영, 「가톨릭과 巫敎의 相互宣敎」, 『신학전망』 115(광주가톨릭대 신학연구소, 1996) 16-17쪽; 박일영, 「무교적 심성과 가톨릭의 '한국화'」, 『경향잡지』 89(한국 천주교중앙협의회, 1997), 33-34쪽.

223) 김웅태, 「그리스도교 토착화의 여러 분야와 원리들」, 『가톨릭신학과사상』 28(신학과사상학회, 1999), 170쪽.

224) 박일영, 「한국 근현대 사회변동에 따른 천주교회의 모색과 적응」, 『원불교 사상과 종교 문화』 52(원광대학교 원불교사상연구원, 2012), 130-131쪽.

인 태도가 아니라, 다양한 신앙과 종교 전통을 더욱 풍성하게 하여, 서로 상생의 길을 모색하는 데 있다.[225] 상호 선교를 통해서 서로의 부족한 점을 보완하고, 자신의 종교를 더욱 깊게 이해하고, 자신의 영성을 더욱 심화시킬 수 있다.[226]

교황 바오로 6세는 『현대의 복음 선교』를 통해서 "교회가 흠 없이 순수하게 보존하며, 되도록 우리 동시대인들이 이해하고 납득할 수 있는 방식으로 제시할 의무가 있는 신앙의 유산에 우리가 주의를 기울이는 일이 절대적으로 필요합니다."(3장)라고 선포했다. 또한 『교회의 선교 활동에 관한 교령』에서는 "그리스도께서 육화를 통하여 당신이 속해 있던 민족이 갖고 있던 독특한 사회적, 문화적 조건에 당신을 맞추셨던 것처럼, 교회도 그와 똑같은 목적으로 각 민족에게 알맞은 각각의 구성원이 되어야 한다."(10항)라고 선포했다.

본 연구자도 이런 입장에 동의하며, 오늘날 한국의 그리스도교는 이 시대의 한국인들이 가장 받아들이기 쉬운 방식으로 그리스도교의 가르침을 제시할 의무가 있다. 따라서 본 연구의 관심사는 지금 대한민국에서 살아가는 한국인들이 이해하고 납득할 수 있는 방식으로 그리스도교를 설명하고, 그들의 종교적 요구를 충족시키는 방법은 무엇인지 찾는 것이다.

이를 위해서는 먼저 지금의 시대적·사회적 상황에 대한 분석이 필요하다. 종교의 생성이나 소멸, 흥망성쇠는 종교가 속한 사회의 문화, 법, 제도, 윤리 등 사회적 흐름에 어떻게 적응하느냐에 달려 있다

---

225) R. Panikkar, *The Intrareligious Dialogue*, 김승철 옮김. 『종교 간의 대화』(서울:서광사, 1992) 37쪽, 107쪽.
226) 박일영, 「한국 가톨릭에 대한 일반인의 종교적 인식」, 22쪽.

고 해도 과언이 아니기 때문이다. 또한 종교의 발전은 과거의 전통을 고수하거나 교리 논쟁에서 승리하는 것이 아니라, 현재의 질문들에 대해서 답을 주는 것에서 시작되기 때문이다.[227] 교회는 새로운 세대에게 설득력을 줄 수 있는 모습으로 끊임없이 갱신되어야 하며, 교회의 본질을 지켜 가는 동시에, 사회의 변화와 시대의 요구에 민감하게 대응해야 한다.[228] 따라서 오랫동안 내려온 한국인들의 종교적 심성이 무엇인지 알아야 하며, 그것이 이 시대 사람들에게는 어떤 양상으로 나타나는지 연구할 필요가 있다.

『교회의 선교 활동에 관한 교령』에는 "제 민족의 철학과 예지에 입각하여 어떤 경로로 신앙이 이해될 수 있는가, 또 어떤 방법으로 그들의 풍습과 생활 감정, 사회 질서 등이 하나님의 계시에 의한 도덕과 합치될 수 있는가"를 연구를 할 필요가 있다고 언급하고 있다.[229] 또한 교황 요한 바오로 2세는 『교회의 선교 사명』을 통하여 "교회는 민족들 가운데서 선교 활동을 수행하면서 다양한 문화를 만나게 되고 토착화 과정에 참여하게 됩니다."(52항)라고 언급하면서, "토착화함으로써 교회는 다양한 문화와 복음을 융화시키고, 동시에 민족들을 고유한 문화와 함께 교회 공동체 안에 받아들입니다."(52항)라고 강조했다. 이는 교회가 각 민족들에게 그리스도교의 복음을 전할 때, 그들 안에 있는 좋은 요소들을 수용하고 내부로부터 쇄신해야 한다는 뜻이다.[230]

---

227) Sam Harris, *The End of Faith*, 김원옥 역, 『종교의 종말』(서울: 한언, 2005), 27쪽.
228) 정재영, 『교회 안 나가는 그리스도인』, 202-203쪽.
229) 『교회의 선교 활동에 관한 교령』 22항.
230) 『교회의 선교 사명』 52항.

이를 우리에게 적용하면, 한국에 뿌려진 복음의 씨앗이 제대로 뿌리 내리고 자리를 잡기 위해서는, 그 씨앗이 뿌려진 한국의 전통과 문화, 그리고 한국인의 마음밭에 대한 연구가 중요하다는 뜻이다.[231] 이를 위하여 먼저 한국인의 전통적인 종교적 심성과 현재 한국의 종교 상황을 살펴보아야 한다.

---

231) 박일영, 「현세 변혁-내세 지향-사회 정의-사회 영성. 가톨릭교회가 한국 사회에 새긴 발자취를 찾아서」, 『원불교 사상과 종교 문화』 50(원광대학교 원불교사상연구원, 2011), 350쪽.

2
한국인의 종교적 심성

    같은 종교라 할지라도 지역에 따라서 여러 가지 다른 모습을 보이는 경우가 많다. 종교가 퍼져 나갈 때는 그 종교의 공통되는 특징을 간직하면서도, 다른 한편으로는 받아들이는 지역의 고유한 문화의 영향을 받기 때문이다. 예를 들면, 같은 불교라 하더라도, 한국의 불교는 동남아시아의 불교나 티베트의 불교와는 다른 모습을 보인다. 불교의 일반적인 특징을 유지하면서도, 산신각이나 칠성각과 같은 한국불교만의 독특한 문화를 만들어 왔기 때문이다.

    이렇듯 한국인은 한국인으로서 타고난 성향이 있어서, 그런 마음씨를 가지고 개별 종교들을 수용해 왔다. 여러 종교들이 한국으로 들어와서 한국인의 전통 기반 속에 뿌리 내리기 위하여 '한국적인 변용'을 거쳐 왔다. 따라서 한국의 종교들은 한국인이 지닌 종교성을 다양한 모습으로 보여주고 있다.[232] 다른 말로 하면, 한국인은 한국인만의 고유한 종교적 심성을 가지고 있으며, 외래 종교가 한국에 수용되는 과정에서 한국인의 종교적 심성과 상호작용하며 이 땅에 정착하여 서로를 변화시켜 왔다고 할 수 있다.

---

232) 박일영, 「한국 가톨릭에 대한 일반인의 종교적 인식」 23-25쪽.

그리스도교의 수용 과정도 마찬가지이다. 한국인의 종교적 심성이 그리스도교의 수용 과정에 영향을 미친 것은 당연하다. 따라서 한국의 그리스도교를 제대로 이해하기 위해서는 한국인의 전통적인 종교적 심성과 한국의 여러 종교들에 대한 이해가 필요하다. 정도의 차이는 있지만, 한국인들이라면 누구나 유불선이라는 한국의 전통적인 종교적 심성을 가지고 있다. 이런 한국인들이 그리스도교를 수용하는 과정에서 한국적 변용이 일어나는 것은 당연한 일이다. 따라서 한국의 교회는 그리스도교의 일반적인 특성을 유지하면서도, 한국 교회만의 독특한 특성을 보인다.[233]

그 중에서 가장 대표적인 것이 바로 열광적인 성령 운동이다. 한국 교회에서 성령 운동의 폭발적인 부흥은 한국인의 종교적 심성과 무관하다고 할 수 없다. 그렇다면 한국인의 종교적 심성은 무엇이며, 성령 운동과 어떤 관계가 있을까?

한국인의 종교적 심성이 무엇인지 한마디로 정의하는 것은 간단한 일이 아니다. 사람은 환경의 영향을 받기 때문에 같은 한국인이라고 하더라도, 성장 지역, 사회 계층, 성별, 교육 수준 등에 따라서 차이가 생기기 마련이며, 시간의 흐름과 변화에 따라서 각 시대마다 다른 특성들을 보이기도 한다.

그러나 한국인은 오랜 시간 동안 한반도에서 민족적으로 큰 변화 없이 살아오면서, 한국인만의 독특한 민족성을 형성해 왔다. 민족학의 입장에서 정의를 내리자면, "전통적인 생활방식을 문화"라고 말하고, 같은 문화를 공유하면서 "우리 의식을 갖고 있는 인간 집단을 민

---

233) 이찬수, 「타종교의 신학」, 『신학사상』 93(한국신학연구소, 1996), 65-69쪽.

족"이라고 말한다. 한국인은 한민족과 동의로 쓰일 만큼 우리는 단일민족으로 오랜 세월을 지내 왔다.[234] 따라서 한국인들은 공통되는 심리와 가치 체제를 가진 민족성을 지니고 있다고 말할 수 있다.[235] 여기에는 종교적 심성도 포함된다.

한국인의 종교적 심성은 "오랜 역사와 시간 속에서도 변하지 않고 계속해서 한국인의 마음속에 이어 오는 일관적인 흐름"을 말하며, 동시에 "각종 외래 종교를 받아들이는 과정에서 서로 영향을 주고받으며 형성된 종교적 마음바탕"을 의미한다. 한국인의 종교적 심성에 대해서 제대로 파악하기 위해서는, 먼저 외래 종교들이 들어오기 전부터 있었던 한국의 종교 문화가 무엇인지 알아야 하고, 그 이후에 외래 종교의 유입에 어떻게 대응했는지 살펴볼 필요가 있다.[236]

다시 말해 한민족의 형성 과정에서부터 한국인이 고유하게 발전시킨 종교 문화는 무엇이며, 여기에 반영된 한국인의 종교적 심성이 무엇인지, 그리고 외래 종교들을 수용하며 발전하는 과정에서 자신들의 종교적 특성을 어떻게 유지했는지를 살피고자 한다.

1) 한국인의 종교적 심성에 영향을 준 요인

한국인의 종교적 심성에 영향을 준 요인은 크게 유전적인 요인과

---

234) 국사편찬위원회, 『한국사』 1권 (서울: 탐구당, 2003), 111쪽.
235) 우창준, 『한국인의 의식구조와 복음 전도』 (서울: 자은, 2007), 30-34쪽.
236) 차옥숭, 「한국인의 종교 심성」, 『신학전망』 155 (광주가톨릭대학교 신학연구소, 2006), 21-22쪽.

환경적인 요인으로 나눌 수 있다. 유전적 요인은 한민족 안에서 전해지는 집단 무의식을 말하며, 환경적인 요인에는 한반도라는 지리적 특성과 역사, 주변 국가들과의 상호작용을 말할 수 있다.

(1) 유전적 요인

유전은 개인의 영역뿐만 아니라 민족 전체에도 영향을 준다. 비록 각 개인에 따른 편차가 존재하기는 하지만, 같은 민족이라면 공통적으로 나타나는 생물학적인 특징이 있게 마련인데, 이를 '민족적 유전자'라고 말할 수 있다. 신체적인 특징뿐만 아니라 정신적인 기질도 민족에 따라 유전되기도 하는데, 융이 말하는 '집단적 무의식'과 일맥상통한다. 융은 집단적 무의식은 유전적인 방법으로 전달된다고 주장했는데, 여기에는 신적 또는 영적인 존재에 대한 믿음, 샤먼이나 주술사의 활동 등 종교적인 요소에 대한 어느 민족의 공통적인 인식도 포함되어 있다.[237]

한민족의 형성 과정을 살펴보면, 종교적인 유전자는 시베리아를 중심으로 하는 알타이어족[238] '집단 무의식'의 영향을 받았다고 추정할 수 있는데, 대표적인 것이 바로 샤머니즘이다.[239] 한국의 샤머니

---

237) 김성민, 『융의 심리학과 종교』(파주:동명사, 1998), 95-96쪽.
238) 신체적인 특징으로 볼 때 한국인은 몽골인종(Mongoloid)에 속한다. 몽골인종은 여러 지역으로 이동하여 각각 다른 지역에 정착해서 적응하는 동안, 신체적인 특징이나 생활양식에 차이가 생기게 되었다. 이로 인하여 고 시베리아족(Palaeo-Siberians)과 신 시베리아족(Neo-Siberians)으로 나뉘게 되었다. 일반적으로 한국인은 신 시베리아족에 속하며, 제4빙하기의 후기 구석기까지는 시베리아의 예니세이(Yenisei) 강 유역과 알타이 산 기슭에 살다가, 빙하기가 끝나고 만주를 지나 한반도로 이동했다고 추정한다. 자세한 사항은 국사편찬위원회, 『한국사』 1권, 63-64쪽 참조.
239) 시베리아, 몽골, 만주 지역에 분포된 알타이어 계 여러 종족들은 다신교적인 신앙을 가지고 있었다. 그들은 애니미즘과 토테미즘을 가지고 있었으며, 그 종합으로서의 샤머니즘이 이들의 종교였다. 자세한 사항은 김용섭, 『동아시아 역사 속의 한국 문명의 전환』(파주: 지식산업사, 2008), 54-55쪽 참조.

즘은 시베리아 샤머니즘과 많은 유사성을 보인다.[240]

박일영에 따르면, 샤먼(shaman)의 어근은 알타이어 동사 어근 '샤-'(sha-)에서 유래하는데, 이는 '알다'라는 뜻이다. 우리말에도 '사'로 시작되는 동사들인 '살다, 사뢰다, 사르다, 사랑하다' 등이 무엇인가를 인식한다는 공통적인 의미를 갖고 있다.[241] 한국에서는 단군을 시조라고 생각하는데, 박일영은 "원래 '단군'이라는 명칭은 고대에 하늘에 제사를 지내는 천관을 뜻하던 말이며, 하늘이나 천신을 뜻하는 '텡그리'(tengri)와 관련이 있을 것"이라고 추정한다.[242] 또한 무당은 같은 뜻의 몽골어 우다간(udagan)과 관련이 있으며, 남자 무당을 뜻하는 박수는 퉁그스어의 박시(baksi)나 카자크-키르기스어의 박사(baqca)라는 말과 서로 통한다고 본다.[243] 또한 한국의 무당이나 시베리아의 샤먼이나 모두 몰아경 또는 탈아경을 체험하고, 신령 체험 또는 소명 체험이 신병으로 시작된다는 공통점이 있다.[244]

(2) 환경적 요인

유전뿐만 아니라 환경도 중요하다. 지구상의 모든 생물들은 환경의 영향을 받고 있으며, 환경에 적응하는 과정을 통해 지금의 모습이 되었다고 해도 과언이 아니기 때문이다. 인간도 예외는 아니다. 서로 다른 인종이라도 오랜 시간을 같은 지역에 살게 되면, 그 지역

---

240) 한국의 샤머니즘의 기원에 대해서는 시베리아 기원설과 한민족 독립발생설이 대립하고 있지만, 시베리아 기원설이 더 유력하다.
241) 박일영, 『한국 무교의 이해』, 14쪽.
242) 위의 책, 18쪽.
243) 위의 책, 32쪽.
244) 위의 책, 15-16쪽.

외부 환경의 영향을 받게 되어 공통의 특성을 갖게 된다.[245] 따라서 한반도에서 함께 수천 년을 살아온 사람들에게는 공통된 특징들이 생기게 마련인데, 여기에 영향을 주는 외부 환경이란 한반도의 자연적인 조건들과 역사적인 요인들이 포함된다. 한반도라는 지리적 특성과 기후, 반만년을 이어온 역사가 오늘날 한국인의 심성에 영향을 준 것은 분명하다.

① 한반도의 기후와 지리적 특성

한반도의 기후와 지리적 특성은 한국인의 성격에 영향을 준다. 일반적으로 추운 지방의 사람들이 부지런한 모습을 갖는 반면, 더운 지방의 사람들은 여유롭거나 나태한 성향을 보인다. 무더위는 인간의 활동을 무기력하게 만들기 때문에 더운 지방의 사람들은 수용적이고 굴복적인 성향을 보이는 경우가 많은 반면, 혹한과 폭풍은 전투적이며 강한 생존력을 갖도록 만든다. 한국인들은 아열대 기후와 냉대 기후를 모두 경험하며, 반도의 특성상 해양적이면서 동시에 대륙적이라는 양면성을 가지고 있다. 한여름의 폭염과 한겨울의 혹한을 모두 경험하는 한국인들은 두 가지 특징을 모두 나타내는 양면적인 성격을 가지게 되었다. 따라서 외부의 압박에 순종하는 경향을 보이다가도, 어느 순간이 되면 폭발하여 엄청난 저항을 하기도 한다.[246]

또한 한반도는 대륙적 특징과 해양적 특징을 모두 갖고 있는 양면

---

245) P. Vidal de La Blache, *Geographie humaine*, 최운식 역, 『인문지리학의 원리』(서울: 교학연구사, 2002), 108쪽.
246) 우창준, 『한국인의 의식구조와 복음전도』 41-42쪽.

성으로 인해, 주변적이면서도 동시에 중심적이라는 한국 문화의 특징을 만들게 되었다. 한반도는 대륙으로부터 흘러 들어온 문화의 말초지가 되고, 반면에 이를 잘 보존하고 재건하여 오히려 학문의 중심지가 되었다.[247]

한국인의 심성은 이와 같은 지리적 환경에 영향을 받아서 서로 상반되는 두 가지 흐름을 가져오게 되었다. 하나는 순수성과 정통성을 유지하기 위해서 외부에 대해 배타적인 모습을 보이는 성향이고, 다른 하나는 관용적 태도로 외부 문화를 수용하면서 화평과 조화를 추구하려는 노력이다.[248]

② 역사적 요인

한민족을 단일민족이라고 부르는 이유는 오랜 역사를 통하여 공유해 온 민족적 동일성 때문이다. 한국인은 비교적 단순한 종족 구성과 고유의 언어를 함께 사용하고, 통일적인 중앙집권 체제 아래서 내적인 통합과 상호교류가 있었고, 빈번했던 외세와의 투쟁 과정에서 공동 운명체를 경험했다.[249]

삼면이 바다로 둘러싸여 있고 북쪽으로는 대륙과 연결된 지정학적인 특성은 대륙과 해양으로 진출하기 편리하다는 장점도 있는 반면, 외세의 침입을 받기 쉽다는 단점도 있다. 우리나라의 전쟁을 살펴보면, 우리가 다른 나라를 침입한 경우는 드물고, 대부분의 경우

---

247) 이경원, 『한국의 종교 사상 - 궁극적 실재의 제 문제』(서울: 문사철, 2011), 17쪽 참조.
248) 윤이흠 외, 『한국인의 종교관 - 한국 정신의 맥락과 내용』(서울: 서울대학교출판부, 2001), 18쪽.
249) 정영훈, 「한민족의 정체성과 단군민족주의」, 『민족문화논총』 55권(영남대학교 민족문화연구소, 2013), 122쪽.

외적의 침입을 방어하기 위한 전쟁이 많았다. 북방 민족과 왜구의 크고 작은 노략질부터 몽고의 침입, 임진왜란과 병자호란 등 나라 전체가 영향을 받은 침입까지, 수많은 전쟁을 겪게 되었다. 때로는 전쟁에 승리하여 민족의 기상을 떨친 일도 있었지만, 반대로 치욕적인 패배를 당하여 민생이 도탄에 빠지기도 했다.[250]

이처럼 한국의 역사를 살펴보면, 지정학적인 특징 때문에 끊임없이 외세 침입을 받은 위기의 연속이라고 해도 과언이 아니다. 따라서 한국의 역사는 불안과 위축의 역사라고 볼 수 있으며, 이는 한국인의 심성에 영향을 미치게 되었다.[251] 대표적인 것이 바로 '한'이라는 한국인의 고유한 정서이다.

그러나 침략을 받았을 때 가만히 당하고 있었던 것은 아니다. 수많은 외세의 침략에 대항하여 강렬한 저항의식과 함께 민족을 수호하려는 의지와 애국심이 일어났다. 몽골 제국에 맞서 끝까지 항전한 삼별초, 나라를 위기에서 구하기 위해 일어난 의병들, 심지어는 아낙들까지 행주치마에 돌을 나르며 공성전을 펼친 행주대첩 등이 대표적인 사례이다. 이렇게 나라와 민족을 지키려는 정신을 바로 '호국정신'이라고 하는데, 이는 한국인의 심성 안에 깊게 자리 잡고 있다. 외세의 위협과 침략을 극복하는 과정에서 민족의 주체성을 기르게 되었다.[252]

이런 호국정신은 종교에도 많은 영향을 미쳤는데, 대표적인 것이 바로 '호국불교'이다. 전쟁이 일어났을 때 곳곳에서 승병들이 많은

---

250) 한국역사연구회, 『한국 역사 속의 전쟁』(서울: 청년사, 1997), 31-38쪽.
251) 우창준, 『한국인의 의식구조와 복음 전도』, 44-45쪽.
252) 김강년, 「한국인의 호국정신과 국난 극복」『민족사상』 5(2) (한국민족사상학회, 2011), 214쪽.

활약을 한 것은 잘 알려진 사실이다. 앞에서 언급한 대로 한민족은 양면성을 가진 특성을 보이는데, 외세의 침략은 한국인의 심성 안에 '한'과 '호국정신'이라는 이중의 결과를 가져왔다.

2) 한국 종교사의 특징

오늘날 한국은 여러 종교들이 공존하고 있는 다종교 사회이다. 세계에서 유례를 찾아보기 힘들 정도로 '종교 백화점' 국가이며, 전 세계의 주요 종교들이 거의 들어와 있는 상황이다. 그럼에도 불구하고 종교 간의 갈등이나 분쟁은 의외로 적은 편이다. 간혹 갈등이 있다 하더라도 미미한 수준에 불과할 뿐, 다른 나라처럼 심각한 갈등이나 대규모 분쟁이 일어나지는 않는다. 여러 종교들이 교리나 형식에 있어서는 서로 상충되는 것처럼 보이지만, 내면의 깊이에서는 서로 조화를 이루고 있기 때문이다.[253]

이런 상황은 삼국시대부터 계속해서 이어져 왔다. 다종교 상황에서 발생하기 쉬운 종교 간의 갈등이나 배척이 없었던 것은 아니지만, 한국 종교사의 주류는 종교를 상호 대립적으로 보는 것이 아니라, 서로를 인정하는 포용적인 입장을 보였다. 한국 종교사를 관통하고 있는 한국 종교의 특성은 바로 관용과 포용의 정신이기 때문이다.[254]

---

253) 이찬수, 「종교들을 비교한다는 것」, 한국문화신학회, 『갈등 화해 축제와 문화신학』(서울: 한들출판사, 2003), 232쪽.
254) 국사편찬위원회, 『한국사』 1권, 446-448쪽.

이런 특징은 한국에서 상이한 문화 전통을 갖는 종교들이 공존하는 다종교 상황을 이루는 데 큰 영향을 주었다. 따라서 한국의 수많은 종교들이 한국인의 종교적 심성에 어떤 영향을 미쳤는지 체계적으로 정리하는 것은 쉬운 일이 아니다. 따라서 먼저 한국에 있는 수많은 종교들을 일정한 기준으로 분류할 필요가 있는데, 신앙 태도와 신앙 양식에 따라서 각 종교들의 유형을 구분해 보기로 한다.

수많은 한국 종교를 신앙 태도에 따라 유형화한다면, '수신 득도적 신앙 태도', '신 중심적 신앙 태도', '개벽 지향적 신앙 태도', '혼합적 신앙 태도' 이렇게 네 가지로 구분할 수 있다. 수신 득도적 신앙 태도를 갖는 동양 고전종교에는 유교와 불교, 신 중심적 신앙 태도를 갖는 서구 그리스도교에는 개신교와 천주교, 개벽 지향적 신앙 태도를 갖는 민족 자생종교에는 천도교, 증산교, 원불교, 신앙 태도가 불분명한 혼합형 신종교에는 전도관, 통일교 등이 있다.[255]

이렇듯 한국에는 여러 가지 유형의 신앙 양식의 다양한 종교가 존재했다. 따라서 고대로부터 우리 민족은 다종교 상황에서 일어나는 여러 가지 문제를 안게 되었다. 다종교 상황에 처한 한국 종교사에는 앞에서 언급한 대로 두 가지 흐름이 나타난다. 하나는 외래 종교를 수용할 때 순수성과 정통성을 유지하려는 노력이고, 다른 하나는 관용적 태도로 외래 종교를 수용하면서 종교들 사이의 화평과 조화를 추구하려는 노력이다.[256]

이런 두 가지의 흐름 중에서 한국인의 문화 수용 태도는 다분히

---

255) 윤승용, 『현대 한국 종교 문화의 이해』, 12쪽 참조.
256) 윤이흠 외, 『한국인의 종교관 - 한국 정신의 맥락과 내용』, 18쪽.

포괄적이고 포용적이다. 한국인은 배타적인 차별화를 통해서 자기 정체성을 확인하기보다는, 어떤 대립적인 요인들도 조화시킬 수 있는 정서가 흐르고 있다. 이것은 정서뿐만 아니라 지적인 영역에서도 마찬가지이다. 한국에서는 순수 정통주의와 관용적 포용주의가 이질적이거나 대립적으로 존재하지 않는다. 한국의 고전적인 종교 전통을 이끌어 온 사상가들은 배타성을 근거로 사상의 우월성과 정당을 확보하지 않았다. 그들은 언제나 시대정신과 자유의지를 자신의 사상 체계 안에서 통합하려는 태도를 보였다.[257]

따라서 한국의 종교 문화는 모든 종교가 평화롭게 공존하는 특성을 보인다. 외래 종교가 전래되기 이전부터 조화와 관용을 바탕으로 하는 종교적 심성을 지녔기 때문이다.[258] 한국의 종교 문화에서 반복적이면서도 전형적으로 드러나는 특징을 찾는다면, 그것은 바로 조화라고 말할 수 있다.[259]

3) 한국인들의 전통적인 종교적 심성

그리스도교 선교사로 한국에 들어와서 한국의 종교를 연구했던 존스(George H. Jones)는, 한국에는 유교, 불교, 샤머니즘 이렇게 세 가지 종교가 있는데, 어느 것도 다른 것들에 대해 배타적인 우위를 점

---

257) 자세한 내용은 위의 책 머리말 참조.
258) 박일영, 「무교적 관점에서 본 그리스도교」, 『가톨릭 신학과 사상』 14(신학과사상학회, 1995), 109-110쪽.
259) 윤이흠 외, 앞의 책, 머리말 참조.

하지 못하고 있으며, 세 종교가 공존하는 과정 속에서 서로 중첩되고 상호 침투하여 보통의 한국인에게는 구별할 수 없는 뒤범벅이 되었다고 분석했다. 존스는 세 종교가 이론적으로는 구별되지만 실질적으로는 구별되기 어렵다고 보았기 때문에, 한국인들을 세 종교 모두의 추종자로 보았다. 즉 한국인의 종교 세계를 다양한 신앙 내용이 공존하는 중층적 구조로 파악했던 것이다.[260]

헐버트(Homer B. Hulbert) 역시 한국 종교의 '중층 다원성'을 말하고 있다. 그는 논리적으로 보자면 한국의 종교들이 서로 상충되는 경향을 보이지만, 실제로는 아무런 문제 없이 오랜 시간 동안 서로 익숙해져서, 하나의 '혼성 종교'(composite religion)가 되었다고 파악한다. 그때그때 필요에 따라 자신이 가장 좋아하는 요소를 선택하지만, 그렇다고 다른 것을 배제시키거나 무시하지는 않는다고 평가한다. 그에 따르면 "한국인들은 사회적으로는 유교도이고, 철학적으로는 불교도이며, 고난을 당할 때는 정령 숭배자"라고 볼 수 있다.[261]

이렇듯 한국의 종교사는 다원적이다. 시대에 따라 새로운 종교가 지배적인 종교로 등장하기는 했지만, 그렇다고 해서 이전에 있던 다른 종교들이 사라지는 것은 아니었다. 그 대신 현재의 지배적인 종교와 이전의 종교들이 공존하는 '일종의 종교적 복합 사회'를 이루게 된 것이다. 이런 한국의 종교적 상황에 따라서 한국인의 종교적 심성도 복합적일 수밖에 없다. 즉 한국인의 종교적 심성은 무교와 불

---

260) 류대영, 「국내 발간 영문 잡지를 통해서 본 서구인의 한국 종교 이해」, 『한국 기독교와 역사』 26, (한국기독교역사연구소, 2007), 147-148쪽.
261) 김종서, 『서양인의 한국 종교 연구』(서울: 서울대학교출판부, 2006), 27-28쪽.

교, 유교의 영향이 서로 뒤섞이면서 형성된 것이다.[262]

그래서 황필호는 한국에서는 개종改宗이 일어난 것이 아니라 가종
加宗만 있었다고 말한다. 즉 모든 한국인들이 무의식적으로는 무교
신앙을 가지고 있으며, 이 무교 신앙 위에 유교 도덕을 추가하고, 무
교 신앙과 유교 도덕 위에 다시 불교 신앙 혹은 그리스도교 신앙을
추가했다는 뜻이다. 그리고 앞으로도 한국 종교의 미래는 '개종의
세계'가 아니라, '가종의 세계'가 될 것이라고 예측한다.[263]

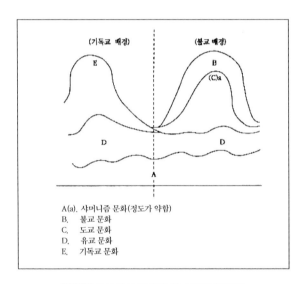

그림 2 한국인의 다층적 종교 문화 배경[264]

262) 김원정, 「한국인의 종교적 심성과 선교」, 이계준 엮음, 『현대선교신학』(서울: 전망사, 1992), 340-
341쪽.
263) 황필호, 『종교변호학·종교학·종교철학』(서울: 철학과현실사, 2004), 236-239쪽.
264) 이부영, 『한국의 샤머니즘과 분석심리학』 671쪽.

한국인의 종교적 심성은 다양한 종교 문화의 전통 안에서 골고루 발휘되고 있다. 다시 말해서, 오늘날의 한국 종교는 한국인이 종교라는 옷을 입고 활동하고 있는 문화의 장이라는 점에서 한국적인 특징을 지닌다. 한국인이 말하고자 하는 인간과 세계는 종교의 언어를 통해서 전하고 있으며, 다양한 한국 종교에도 불구하고 여기에는 한국인의 고유한 사고방식이 내재되어 있음을 간과해서는 안 된다.[265]

한국인들의 종교 경험에서 공통적인 것은, 이기적인 삶보다는 이타적인 삶, 분열과 대립의 삶보다는 조화와 일치를 통한 공동체적 삶을 지향하는 점이다. 이것이 바로 한국인의 종교적 심성의 핵심이라고 할 수 있다.[266]

4) 현대 한국인의 영성을
결정한 종교: 무교와 유교

지금 대부분의 한국인들의 정신세계를 구성하는 종교는 무교[267]와 유교이다. 이 중에서 유교는 윤리와 철학적인 면에서 많은 영향력을 미쳤고, 무교는 종교적인 심성에 많은 영향력을 주었다. 불교나 그리스도교도 한국인들의 가치관에 영향을 주지 않았느냐는 반론

---

265) 이경원, 『한국의 종교 사상 - 궁극적 실재의 제 문제』 7-8쪽 참조.
266) 차옥승, 「한국인의 종교 심성」 55쪽.
267) 무교는 좁게는 한국의 샤머니즘으로 제한할 수 있고, 넓게는 한국 민간신앙의 많은 부분을 포함할 수 있다. 이 논문에서는 넓은 의미로 사용한다. 뒤에서 다시 보충 설명을 하겠다.

이 있을 수도 있다. 하지만 여기에 대해 최준식은 불교와 그리스도교는 한국인의 정신세계에 그다지 큰 흔적을 남기지 못했다고 주장한다. 불교의 경우, 조선조 내내 심한 억압을 받아 사회의 실세 자리에서 벗어나 있었기 때문이다. 종교가 이런 상태가 되면, 사회를 지배하는 이데올로기로서의 역할은 거의 할 수 없게 된다. 반면 그리스도교는 한국에 들어온 지 얼마 되지 않았기 때문에 사람들의 가치관까지 바꿀 만한 충분한 시간이 없었다. 게다가 그리스도교는 한국의 전통 문화와는 이질적인 요소가 많아서 한국의 문화적 토양에 뿌리는 내리기까지는 시간이 많이 걸릴 수밖에 없다.[268)

최준식에 따르면, 개신교나 가톨릭 할 것 없이 그리스도교는 불교나 유교가 한국에 정착한 것과 같은 높고 깊은 수준의 토착화는 아직 이루어지지 않았다. 대부분의 그리스도인들은 내면적으로는 여전히 무교와 유교적인 가치관을 가지고 살면서, 표면적으로만 그리스도교를 자신의 종교로 표방하는 것처럼 보인다. 다른 말로 하면, 한국인들은 종교가 있든 없든, 혹은 어떤 종교를 가졌든 상관없이, 생각하는 방법이나 행동하는 양식이 비슷하다. 이것은 한국인들이 비슷한 가치관을 갖고 있다는 뜻인데, 이 가치관이 바로 무교와 유교에 철저하게 의존하고 있기 때문이다.[269)

베이커(Don Baker)는 유교가 한국인들의 가치관과 윤리 의식에 많은 영향을 미쳤다고 말한다. 그에 따르면, 그 사람이 어느 종교를 갖고 있는지 하는 것과는 관계없이, 한국인의 대다수는 '유교에서 말

---

268) 최준식, 「한국 종교, 어디까지 왔나?」, 이찬수 외, 『한국 종교를 컨설팅하다』(서울: 모시는사람들, 2010), 57-59쪽 참조.
269) 같은 글.

하는 윤리적 가치'를 받아들인다. 또한 그는 '유교적 도덕의 기초' 위에 추가적으로 각 종교의 윤리적 의무를 덧붙이는 경향이 있다고 말한다.[270] 그만큼 한국인의 종교적 심성에 유교가 미친 영향은 크다. 그러나 유교는 신앙보다 윤리에 더 많은 영향을 미쳤다고 볼 수 있다.

그렇다면 한국인의 신앙의 원형이라고 할 수 있는 전통 종교는 무엇일까? 많은 학자들이 한국인의 종교적·정신적 바탕을 이룬 종교는 샤머니즘이라고 말한다. 사실 한국의 샤머니즘은 역사적으로 한국에서 가장 오래된 종교 현상이며, 한국 문화의 토대로 자리 잡은 종교로서, 한국인의 종교적 심성에 가장 큰 영향을 주었다고 할 수 있다. 각 시대에 따라서 한국의 주류 종교가 교체되기는 했지만, 그 근간을 이루는 것은 여전히 무교였다.[271]

초기 미국의 개신교 선교사들은 한국의 불교와 유교를 일종의 무신론이라고 규정했고, 한국인의 신앙은 샤머니즘이라고 생각했다. 이들은 샤머니즘과 무교를 동일시했으며, 겉으로 보기엔 하층민들의 민중 종교로 보이지만, 실제로는 엘리트 지식인인 유학자들까지도 샤머니즘을 따르고 있다고 평가했다. 따라서 샤머니즘을 개신교의 선교를 위해서 제거해야 할 가장 큰 적이라고 여겼다.[272]

샤머니즘을 무교와 동일하게 볼지, 아니면 별도로 구별해야 할지는 논쟁의 여지가 있다. 무교는 부정성不定性과 모호성을 특징으로 하기 때문에, 무교의 범위를 명확하게 규정할 수 없기 때문이다. 무

---

270) 돈 베이커, 『한국인의 영성』, 198쪽.
271) 김원정, 「한국인의 종교적 심성과 선교」, 339-340쪽.
272) 이찬수, 「한국 그리스도교 연구, 얼마나 한국적인가?」, 139쪽.

교를 좁은 의미로 정의하면 '강신과 빙의' 등 '샤머니즘 현상'으로 제한할 수도 있고, 넓은 의미로 정의하면 '한국 민간신앙 전체'로 범위를 확대할 수도 있다. 민간신앙은 오래전부터 전해져 내려와서 민간에서 성행하고 있는 모든 종류의 신앙 형태를 말한다. 우리나라의 경우에는 '무속신앙', '각종 점복신앙', '통과의례', '주술적 치료법', '풍수지리' 등이 있다. 연구자에 따라서 무교를 좁게 제한하는 경우도 있고 넓게 확대하는 경우도 있지만, 무교에는 샤머니즘을 근간으로 하는 여러 종류의 민간신앙이 포함되어 있다. 그만큼 무교가 한국인의 종교적 심성에 큰 영향을 미쳤다는 데 이견이 없을 것이다.[273]

---

273) 이부영, 『한국의 샤머니즘과 분석심리학』, 62-64쪽, 643-644쪽 ; 본 연구에서는 넓은 의미의 무교를 사용한다.

3
한국 종교의 현 상황

1) 종교 인구의 감소

한국의 종교 인구 현황을 가장 객관적으로 파악할 수 있는 자료는 통계청에서 발표하는 '인구주택총조사'이다. 물론 각 종교마다 자체적으로 신도수를 조사해서 발표하고 있기는 하지만, 조사 방식이 표준화된 것이 아닌 데다, 신도수를 실제보다 부풀리는 경향이 있기 때문에 신뢰하기는 어렵다. 따라서 본 연구에서는 통계청의 자료를 근거로 한국의 종교 상황을 살펴보려고 한다.[274]

---

274) 통계청 홈페이지, 〈2015 인구주택총조사 표본집계 결과(인구, 가구, 주택 기본 특성항목) 보도자료〉, 2016년 12월 19일.
http://kostat.go.kr/portal/korea/kor_nw/2/9/1/index.board? bmode= read&aSeq=358170

연령대별 종교 여부(2005, 2015)

(단위: %, %p)

연령	2005년		2015년		증감(B-A)
	없음(A)	있음	없음(B)	있음	
계	47.1	52.9	56.1	43.9	9.0
10~19세	49.5	50.5	62.0	38.0	12.5
20~29세	52.1	47.9	64.9	35.1	12.8
30~39세	52.1	47.9	61.6	38.4	9.5
40~49세	43.5	56.5	56.8	43.2	13.3
50~59세	37.4	62.6	49.3	50.7	11.9
60~69세	36.7	63.3	42.3	57.7	5.6
70세이상	37.0	63.0	41.8	58.2	4.8

주) 특별조사구 제외

2015년 결과에서 가장 눈여겨볼 내용은 무종교 인구가 종교 인구를 추월했다는 점이다.

한국의 종교 인구는 총 2,155만 명(43.9%)이고, 무종교 인구는 2,750만 명(56.1%)으로, 1985년 조사 시행 이후 최초로 무종교 인구가 더 많은 것으로 나타났다. 이런 현상은 이미 여러 학자들이 오래 전부터 예측했던 내용이 현실로 나타나고 있는 것이다. 앞으로도 종교 인구는 점점 줄어들고, 무종교 인구는 계속해서 늘어날 것으로 예측된다.

각주에 있는 표에서 주목할 것은 나이가 어릴수록 종교가 없는 인구 비율이 높아지고 있다는 점이다. 이런 흐름이 지속된다면, 앞으로 우리나라의 '탈종교화' 현상은 시간이 지날수록 더욱 급속하게 진행될 것이다. 이런 흐름을 보며 윤승용은 한국 종교의 미래를 아래와 같이 예측했다.

"종교에 대한 무관심층은 계속 늘어나고, 종교인들까지 종교적 가치보다는 세속적인 가치를 우선시하는 경향을 보인다. 또 종교 인구는 점점 고령화되어 가고 있다. 말하자면 인구의 급격한 고령화로 인하여 새로운 젊은 신참자를 찾기가 쉽지 않다는 것이다. 도리어 지속되고 있는 종교의 사사화 경향으로 인하여, 제도권의 조직 종교들이 자신의 신앙인의 이탈을 걱정해야 할 지경이다. 앞으로 종교계는 양적 성장은 고사하고 현상을 유지하는 것조차 쉽지 않을 전망이다. 이 같은 상황들을 고려해 본다면, 이번 종교 인구 감소는 일회적인 것이 아니라 우리 사회 구조적인 문제와 깊이 관련된 것으로, 이런 상황이 고착될 가능성이 많다."[275]

따라서 지금 이 시대, 한국의 상황에서 종교의 진정한 의미와 역할을 다시 한번 생각해 보고, 앞으로 어떤 방향으로 나아가야 할지 고민해 볼 필요가 있다. 그러기 위해서 우선 현대인들이 종교를 멀리하게 된 요인을 제대로 살펴보아야 한다.[276]

2) 종교 인구 감소의 원인

전통적인 시대와는 달리 지금 이 시대는 정치와 종교가 분리되고 사회가 세속화되면서, 종교는 하나의 선택사항이자 개인적인 문제로 변했다. 세속 국가에서 종교는 과거와 같은 영향력을 잃어버리고, 동호회 비슷한 수준으로 전락했다.[277] 따라서 종교 인구가 감소하게 될 것이라는 사실은 이미 오래전부터 학자들이 예측했다. 현대사회는 과거에 비해서 과학기술이 비약적으로 발전하고 사회가 분업화되었기 때문에, 종교의 영향력이 약해지는 것은 자연스러운 현상이라고 볼 수 있다. 과거에는 종교가 모든 분야에 영향력을 행사했지만, 이제는 특정 영역으로 축소되었고, 앞으로도 종교는 계속해서 쇠퇴할 것이라고 학자들은 예측하고 있다.[278]

---

275) 윤승용, 「한국 종교, 30년간의 변화와 종교사적 과제」, 한국 종교 문화연구소 『종교 문화비평』 27권 (파주: 청년사, 2015), 215쪽.
276) 이성수 외, 〈종교 설 자리 더 이상 없나, 위기를 기회로〉, 《불교신문》 3263호, 2017년 1월 7일. http://www.ibulgyo.com/news/articleView.html?idxno=154498
277) Ninian Smart, *Worldviews*, 김윤성 역, 『종교와 세계관』(서울: 이학사, 2000), 212-216쪽.
278) 김웅태, 『종교의 현대적 적응』(서울: 가톨릭대학교, 2001), 46쪽.

종교와 사회는 밀접한 관계를 맺고 있기 때문에, 종교가 사회 변동을 일으킬 수도 있고, 사회의 변동이 종교에 영향을 미치기도 한다. 지금 우리나라의 경우에는 어느 특정 종교의 영향력이 감소한 것이 아니라, 전반적으로 모든 종교의 영향력이 감소했고, 무종교 인구가 계속 늘어나고 있는 추세를 보이고 있기 때문에, 현재 한국의 사회적 상황이 종교 인구 감소에 큰 영향을 미쳤다고 추정할 수 있다. 그렇다면 지금 한국의 사회적 상황은 어떤 특징이 있을까?

현대 사회의 특징은 '탈산업화 사회', '정보화 사회', '지식 사회', '서비스 사회', '포스트모던 사회' 등 다양한 표현으로 설명할 수 있다. 하지만 종교와 관련해서는 '세속화 시대'라고 설명할 수 있으며[279], '세속화'와 함께 '종교 없는 영성의 시대'라는 '탈제도적 종교성'이 주요한 흐름이라고 볼 수 있다.[280] '탈제도화 시대'를 살아가는 사람들은 제도종교에 속하지 않고 개인적으로 신앙생활을 하려는 경향을 보인다.[281]

급속히 변화해 가는 산업 구조와 도시화, 사회 구조의 재편성 등은 과거와는 다른 기성 종교에 새로운 것을 요구하는데, 이에 제대로 부응하지 못한 것도 그 원인이 될 것이다. 또한 각 종교들이 보여주는 부정적인 모습에 대한 실망으로 '반종교 정서'가 확대된 것도 이유가 될 수 있다. 각 종교들이 겉으로는 사랑과 자비, 정의와 평화를 말하면서도, 내부적으로는 부정부패, 이권다툼, 권력투쟁 등이

---

279) 정재영, 『교회 안 나가는 그리스도인』, 163-164쪽.
280) 박문수, 〈2015년 인구주택총조사 표본집계(종교편) 결과 분석 2〉, 《가톨릭뉴스, 지금여기》, 2016년 12월 30일. http://www.catholicnews.co.kr/news/articleView.html?idxno=17371
281) 정재영, 앞의 책, 144-145쪽.

빈번하고, 타종교를 향한 반목과 비방, 혐오와 배제 등, 종교의 가르침과 상반되는 모습을 자주 보여 왔다. 이로 인해 많은 사람들이 종교에 실망하고 떠나가게 되었다.

이로 인하여 지난 30년 동안 한국인의 생활에서 종교의 비중은 대폭 하락했다. 사람들이 공식적인 종교 의례에 참여하는 빈도나 개인적으로 기도하는 빈도 등 '종교적 참여율' 역시 전반적으로 하락하고 있는 것으로 나타났다.[282]

3) 신종교의 성장

기존 종교는 감소하고 있는 데 반해, 신종교들이 지속적으로 성장하고 있다. 대표적인 사례는 그리스도교 계열의 신종교인 신천지이다. 사람들이 기존 종교를 떠나 신종교로 이동하는 이유는 무엇일까? 여기에 대한 답을 얻으려면 먼저 신종교[283]의 특성을 살펴보아야 한다.

(1) 신종교의 정의

신종교(new religion)는 말 그대로 '새로 생겨난 종교'라는 뜻으로, "기성 종교에 비해서 역사가 짧고, 교리와 사상, 의례와 조직 등이 상대적으로 체계화되지 못한 종교"를 말한다. 주로 카리스마적 지도자

---

282) 윤승용, 「한국 종교, 30년간의 변화와 종교사적 과제」, 204쪽.
283) 신흥종교라고도 불렸지만, 이제는 신종교라는 용어가 일반적으로 쓰인다. 직접 인용의 경우를 제외하고 본 논문에서는 신종교라는 용어를 사용하겠다.

에 의해서 생겨나고, 사상적으로 혼합주의적인 모습을 보인다.[284]

최준식은 "신흥종교는 말 그대로 새로 일어난 종교로서, 기성 종교와 구별되는 종교"라고 정의한다. 그는 "어느 한 종교가 신흥종교가되려면 기성 종교에서 상당한 일탈을 해야지, 그 내부에서 개혁을하는 것으로는 부족하다."고 설명한다.[285] 우리나라에는 400개에 가까운 신종교가 있는데, 그리스도교 계열의 신종교는 문선명의 통일교, 이만희의 신천지 등이 대표적이다.[286]

(2) 신종교의 발생과 성장 배경

신종교가 발생하게 된 배경에는 사회적 요인과 종교적 요인이 있다. 종교도 사회적인 산물이기 때문에 사회적 요인들이 종교에 영향을 주기 마련이다. 쉽게 말하면 사회가 혼란스러울 때 신종교가 생겨난다는 것이다. 정치적인 격변, 경제적인 위기, 가치관의 혼란 등으로 사람들이 불안에 빠질 때 사람들은 쉽게 신종교에 빠져들게된다.[287]

그러나 신종교가 발생하는 가장 큰 이유는 기성 종교가 그 역할을 제대로 못 하고 사람들의 종교적 요구를 제대로 충족시키지 못하기 때문이다. 사람들이 기성 종교에 대해서 실망하거나 불신을 갖게될 때, 그 대안으로 신종교를 찾게 된다.[288]

기성 종교가 중산층화되어 사회적 지위를 누리고 경제적으로 안

---

284) 이원규, 「광신적 신흥종교의 허와 실」, 『기독교사상』 41권(대한기독교서회, 1997년 5월), 247쪽.
285) 최준식, 『한국의 종교, 문화로 읽는다 2』(파주: 사계절, 2006 2판), 146쪽.
286) 정재영, 「신흥종교에 대한 사회학적 의미와 진단」, 『기독교사상』(2012년 11월호), 24쪽.
287) 최준식, 앞의 책, 160-163쪽.
288) 니니안 스마트, 『종교와 세계관』 216쪽.

정된 사람들의 종교가 되면, 거기에 끼지 못하는 사람들이 떠나가게 된다. 그리고 기성 종교가 세속화되어 사람들의 정신적, 도덕적, 영적 문제를 해결하기보다는 물질주의 등 세속적 가치에 물들면, 여기에 실망하고 도덕적으로 엄격하고 영적인 치유를 강조하는 신종교로 옮겨가게 된다. 실제로 신종교 신자들은 대부분 기성 종교의 경험이 있다.[289]

따라서 최근에 등장한 그리스도교 계열의 신종교들은 이런 기존 그리스도교를 비판하며 자신들이 참된 그리스도교라고 주장한다. 그런데 사실 그들의 비판 자체는 맞는 말이기 때문에 사람들에게 설득력을 가지게 된다. 최근에는 교회가 관료화되면서 신자들의 종교적 요구에 민감하게 반응하지 못하고, 신자들을 단순히 관리의 대상으로 여기기 때문에, 기존 교회에 실망한 사람들이 교회를 떠나 신종교에 빠져들게 된다.[290]

(3) 신종교의 시사점

지금 한국 사회는 물질적이고 과학적이며 합리적인 가치가 지배하고 있다. 그래서 초월적이고 신비적이며 영적인 가치에 대한 결핍을 가져왔다. 고도의 물질문명이 역설적으로 정신적인 가치를 갈망하게 하는 기폭제가 되었다. 그러나 기성 종교가 제 역할을 하지 못하여 사람들이 신종교로 몰리게 되는 것이다. 신종교에 빠졌던 사람들은 신종교에 있는 동안 영적 갈증이 해소되고 행복한 시간을 보냈다

---

289) 이원규, 『광신적 신흥종교의 허와 실』, 248쪽.
290) 정재영, 위의 글, 30-31쪽.

고 한다. 따라서 많은 사람들이 신종교로 떠난다는 것은 기존 종교가 사람들의 영적 갈증을 제대로 해결해 주지 못하고 있다는 것을 뜻한다.[291]

한국의 제도종교들은 신종교와 신종교에 빠지는 사람들을 탓할 것이 아니라, 스스로를 돌아볼 필요가 있다. 신종교의 발생과 성장 이유를 살펴보면, 기존의 제도종교가 무엇을 반성해야 하고, 앞으로 나아갈 방향이 무엇인지를 알 수 있게 된다.

---

291) 이승훈, 「최근의 개신교 신흥종교 현상과 가톨릭교회」, 『기독교사상』(대한기독교서회, 2012년 11월 호), 39-41쪽.

4
한국 종교의 미래

1) 한국 종교의 미래

(1) 종교의 위기와 기회

앞에서 살펴본 대로, 한국 사회의 흐름은 종교와 점점 멀어지는 방향으로 흘러갈 것이며, 전통적이고 제도적인 종교는 앞으로 계속 그 위세가 감소하는 모습을 보이게 될 것이다. 그러므로 종교의 종말을 예측하는 사람들의 주장이 설득력을 갖기도 한다. 계몽주의 시대에는 사람들의 이성이 발달하면 종교는 사라질 것이라고 예측했고, 마르크스주의자들은 종교는 '민중의 아편'이기 때문에 종교 없는 세상을 만들려고 했다. 과학과 기술이 발전된 현대에 이르러서는, 앞으로 과학이 더 발전하게 되면 종교는 더 이상 쓸모가 없어질 것이라고 말한다.[292]

그러나 과학이 아무리 발전하더라도, 과학에는 한계가 있고 과학이 종교를 대체할 수는 없다. 유발 하라리는 "과학이 잘 작동하는 제도를 만들기 위해서는 종교의 도움이 항상 필요하다."고 말하면서,

---

292) 샘 해리스, 『종교의 종말』, 23-27쪽.

"과학자들은 세계가 어떻게 작동하는지 연구하지만, 인간이 어떻게 행동하는지 결정하는 과학적 방법은 존재하지 않는다."라고 그 이유를 설명한다. 그에 따르면, 종교만이 대답해 줄 수 있는 질문들이 있으며, 과학적인 과제는 종교적 통찰을 필요로 한다.[293] 따라서 종교가 완전히 사라지지는 않을 것이다. 종교성은 인간의 기본적인 심성 가운데 하나이고, 삶의 궁극적인 의미와 목적을 찾으려는 노력은 계속될 것이기 때문이다.[294]

박일영은 "종교는 삶과 죽음, 고통과 행복, 죄와 용서 등 인간성의 밑바탕에 잠겨 있는 수수께끼를 해결하기 위하여 발달해 왔다."고 말한다. 그리고 과학이나 기술이 아무리 발전하더라도 인간의 궁극적인 관심들에 대해서 모두 답할 수는 없기 때문에, 앞으로도 사람들은 종교를 통해서 답을 찾으려 할 것이라고 예측하면서, 종교는 이런 "인간의 보편적이고 궁극적인 문제"에 대하여 납득할 만한 답을 주어야 한다고 주장한다.[295] 따라서 현대 종교들의 미래는 '인간성의 위기 상황'과 '과학기술주의', '세속화', '물질주의'라는 사회의 흐름 속에서 어떻게 적응하느냐에 좌우된다고 볼 수 있다.[296] 각 종교가 사회의 흐름과 사람들의 요구에 어떻게 대응하느냐에 따라서 쇠퇴하고 소멸하느냐, 계속 유지·발전하느냐의 차이가 생길 것이다.[297]

한편, 학자들은 종교와 멀어지는 사회의 흐름에 대한 반작용으로

---

293) Yuval Noah Harari, *Homo Deus: A Brief History of Tomorrow*, 김명주 역, 『호모 데우스』(파주: 김영사, 2017), 261-264쪽.
294) 이원규, 『종교의 세속화』(서울: 대한기독교출판사, 1987), 212쪽.
295) 박일영, 「종교와 종교성」, 『인간연구』 3(서울: 가톨릭대학교 인간학연구소, 2002), 6쪽.
296) 김응태, 『종교의 현대적 적응』, 62쪽.
297) 이원규, 앞의 책, 229쪽.

다시 영적인 것을 강조하고, 구원의 문제에 관심을 가지며, 신비와 초월의 의미를 회복하려는 움직임도 나타날 것이라고 예측했다.[298] 종교에서 체험은 매우 중요하다. 종교 체험은 종교 안에만 있는 고유한 특성이다. 그런데 지금은 종교가 제도화되면서 '성스러움'을 체험할 수 있는 기회가 사라져 버렸다. 그렇기 때문에 사람들이 점점 제도종교에서 벗어나 신영성 운동이나 신종교에 빠지게 되는 것이다. 성스러움을 접하고 싶은 욕구나 초월에 대한 요구는 세월이 흘러도 변하지 않을 인간의 본성이기 때문이다. 비록 종교가 없는 사람들, 또는 스스로 종교를 거부하는 사람들은 종교를 이해하거나 받아들일 능력을 상실한 것처럼 보이지만, 그의 내면 깊숙한 곳에는 종교적 흔적, 즉 성스러움을 추구하려는 경향이 남아 있다.[299]

이런 흐름은 '영성'(spirituality)이라는 개념으로 이어진다. '영성'의 범위는 '종교'와 일치하지는 않으며, '종교'보다 더 폭넓은 의미로 사용된다. 종교가 없어도 '영적인 사람'이 될 수 있다는 뜻이다. '영성'은 비록 우리 눈에는 보이지 않지만, 무언가 강력한 힘 또는 존재가 있다고 믿는 것이고, '종교성'은 특정한 제도적인 틀로 제한되고 축소된 영성을 말하기 때문이다.[300] 오늘날의 많은 사람들은 특정 종교의 틀에 얽매이지 않으려는 모습을 보인다. 그러나 영성에 대한 관심과 종교적인 성향은 여전히, 혹은 예전보다 더 뚜렷해지고 있다.[301]

---

298) 위의 책, 232쪽.
299) Mircea Eliade, *Das Heilge und das Profane*, 이은봉 역, 『성과 속』(파주: 한길사, 1998), 187-190쪽.
300) 돈 베이커, 『한국인의 영성』, 32-34쪽.
301) 박일영, 「한국 가톨릭에 대한 일반인의 종교적 인식」, 23-24쪽.

154 신사도 운동, 과연 무속신앙인가

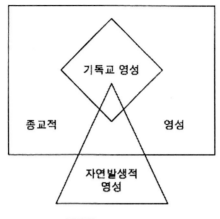

그림 3 영성의 종류[302]

　실제로 한국인의 약 80%는 '종교 단체에 얽매이기보다 본인이 옳다고 생각하는 종교적 믿음을 실천하면 된다'고 생각하고 있다. '조직 생활을 강하게 요구하는 제도화된 종교보다는 개인적 수련에 관심이 많다'고 생각하는 사람이 35%, '기/마음수련 등' 영성적 종교 활동에 참여한 경험이 있다는 응답이 20%에 이른다.[303]

　지금 한국에서 신종교와 함께 신영성 운동이 계속 성장하고 있는 것으로 보아, 학자들이 예측한 내용들이 한국의 종교 상황에 적용된다고 볼 수 있다. 따라서 한국인들에게 종교적 요구는 계속해서 존재하고 있으나, 기존 종교들이 그 기대와 욕구를 제대로 충족시켜 주지 못하고 있다고 판단할 수 있다. 이를 극복하기 위해서 각 종교들은 현 시대의 요구에 부응하도록 적극적인 개혁과 쇄신의 노력을

---

302)　이정기, 『존재의 바다에 던진 그물 - 실존/영성/치유』(부천: 실존, 2012), 241쪽; 아래의 그림은 기독교의 영성을 설명하고 있지만, 다른 종교의 영성에도 그대로 적용할 수 있다.
303)　윤승용, 「한국 종교, 30년간의 변화와 종교사적 과제」, 206-207쪽.

기울어야 한다. 현대인들의 종교적인 욕구를 충족시키고, 영적이고 근원적인 물음에 대답을 주어야 한다.

(2) 종교의 미래

앞에서 살펴본 대로, 지금 한국의 종교 상황은 매우 역설적이다. 과학기술 문명, 특히 교통과 통신의 눈부신 발전으로 인해 전 세계 인과 직접 소통하고, 전 세계의 소식을 실시간으로 알 수 있게 되었다. 이런 세계화로 인하여 한편으로는 다문화와 다종교 시대를 맞이하게 되었으면서도, 한편으로는 무신론 또는 무종교, 탈제도종교의 흐름은 점점 커지고 있다.[304] 이런 과학화와 세속화로 인하여 종교의 위기 상황은 지속될 것이며, 탈제도종교의 흐름으로 기존 종교들을 떠나는 사람들은 계속 늘어날 것이다.

학자들은 '탈제도종교'의 흐름에서 제도종교가 대응할 수 있는 방법은 '영적 종교'(spiritual religion), '해방적인 종교'(redemptive religion), '신비적인 종교'(mystical religion) 등이 있다고 예측했다.[305] 지금 한국인들은 신자유주의 체제에서 치열한 경쟁과 극심한 스트레스를 겪고 있기 때문에 템플스테이, 명상, 단전호흡 등으로 대표되는 힐링의 수요가 더욱 커질 것이다. 불안한 미래를 예측하려고 타로나 점술을 찾는 사람들도 많아질 것이고, 이들 중에는 미래를 바꾸기 위해서 굿이나 부적에 의지하는 사람들도 생길 것이다. 또한 현실 도피의 차원에서 종교에 심취하는 사람들도 늘어나게 될 것이다.

---

304) 박일준, 「무신론 시대의 종교성」, 『종교연구』 제 70집(한국 종교학회, 2013), 188-189쪽.
305) 이원규, 『종교의 세속화』, 230-231쪽 참조.

따라서 제도적이고 형식적인 종교가 아니라, 영적이고 신비적인 종교에 대한 수요는 계속 증가할 것이다. 반면, 이런 흐름에 대한 반작용으로 각 종교의 근본주의적인 흐름 역시 더욱 강해질 것이다. 따라서 앞으로 한국 종교의 미래는 위기와 기회를 동시에 갖고 있다고 평가할 수 있다.

2) 한국 그리스도교가 나아갈 길

(1) 한국 그리스도교의 상황

그리스도교 신자가 점점 감소하는 이유는 물론 사회 변동과 밀접한 관계가 있다. 그러나 이런 외부적인 요인이 아니라 내부적인 문제도 중요한 원인이 된다. 종교가 그 기능을 제대로 못 했기 때문에 실망하고 떠나간 사람들도 많이 있을 것이다. 세상은 영성을 찾는데, 교회는 그 필요를 제대로 채워 주지 못하고 있기 때문이다.[306]

① 개신교의 상황

한국 개신교를 대표하는 주류는 미국식 근본주의의 영향을 받은 교회들이다. 이들은 과학적 이성에 대한 경계와 정죄를 자행했으며, 한국의 전통문화를 우상숭배 또는 미신이라고 폄하했다. 그리고 자신들과 다른 입장을 가진 사람들에게 공격적이고 배타적인 태도를

---

306) John Thornley Finney, *Emerging Evangelism*, 한화룡 역, 『새로운 전도가 온다』(서울: 비아, 2014), 180쪽.

보였다. 이들은 스스로를 중심이라고 생각하며, 자신들과 다른 입장을 용납하지 못하고 자신들의 잣대로 모든 것을 평가하려고 한다. 이런 개신교의 근본주의 성향은 지금의 시대적 흐름에 역행하는 일이다.[307] 모든 개신교가 근본주의적인 입장을 보이는 것은 아니지만, 사람들에게 인식되는 개신교의 이미지는 대부분 근본주의자들의 모습이다. 그 결과 요즘 우리나라에서는 개신교에 대한 반감이 높아지고 있으며, 심지어는 경멸하는 사람들까지 많이 생겼다. 이들의 안티 그리스도교 활동은 점점 더 강해지고 있다. 목회자의 부도덕, 교회의 세습, 교회 재정의 불투명, 공격적인 선교 방식, 다른 종교에 대한 배타적인 태도 등이 이런 현상을 더욱 부추긴다.[308] 이로 인하여 많은 사람들이 교회를 떠나게 되었다

개신교에 대해서 사람들이 갖는 인식은 "형식주의, 권위주의, 물질주의적 경향을 보이고 있으며, 분파주의 경향과 타종교나 사상에 대하여 배타적"이라고 생각하고 있다. 그리고 "한국 개신교가 성장제일주의 성향, 물신 숭배적인 경향"과 "세속적인 권력 욕구와 자기 절대화의 동기에 사로잡혀" 있다고 보인다는 부정적인 평가가 높다. 지금 한국인들이 바라보는 개신교는 "사회적인 순기능을 하고 있다기보다는, 개인주의적이고 기복적, 물량주의적 신앙 양태"를 보이는 부정적인 모습으로 고착화되어 있다. 따라서 지금의 개신교는 신뢰도가 위험한 수준에 있다. 그러므로 지속적인 자기성찰과 개혁의 노력이 시

---

307) 이찬수, 「근본적 근본주의를 향하여」, 이찬수 외, 『종교 근본주의 비판과 대안』(서울: 모시는사람들, 2011), 26-27쪽.
308) 신재식, 「한국 개신교의 현재와 미래」, 『종교연구』 제68집(한국종교학회, 2012), 95-96쪽.

급하다.[309]

② 천주교의 상황

개신교에 비하면 천주교에 대해 사람들이 갖는 인식은 비교적 긍정적이다. 신자들은 높은 소속감과 만족도를 보이고 있으며, 비신자들은 천주교에 대해서 긍정적인 인상을 가지고 있다. 천주교가 사회에 많은 영향력을 미쳤고, 특히 한국의 민주화와 사회개혁을 위해서 많은 노력을 했기 때문이다.[310] 천주교는 개신교에 비해 높은 신뢰도와 호감도를 가지고 있었기 때문에, 한동안 많은 사람들이 천주교로 찾아와서 신자가 되었다. 그런데 왜 2015년 조사에서는 교세가 감소했을까?

한 가지 이유는, 천주교에 대한 좋은 이미지는 천주교가 잘했기 때문이라기보다는 "다른 경쟁 종교들의 실책에 따른 반사 이익"이라는 점이다. 이는 천주교의 노력에 의해서가 아니라, 그냥 주어진 측면이 강하다는 뜻이다. 그래서 천주교의 실제 모습이 기대와 달라서 실망하고 떠났을 가능성이 높다. 실제로 천주교에는 새로운 신자들이 계속 들어오고 있지만, 주일미사 평균 출석수는 변동이 없고, 세례 받은 신자의 20~30% 정도만 실제로 천주교에서 신앙생활을 하고 있으며, 냉담자의 비율이 점점 늘어나고 있다.[311] 이는 천주교가

---

309) 강성영, 「한국 근현대사 속의 개신교의 자기성찰과 개혁의 과제」, 한신대학교 신학연구소, 『한국 개신교와 한국 근현대의 사회·문화적 변동』(서울: 한울아카데미, 2003), 23-24쪽.
310) 박문수, 「한국 천주교회의 경쟁력과 선교·사목적 과제」, 김재득 외, 『천주교와 한국 근·현대의 사회 문화적 변동』(서울: 가톨릭출판사, 2004), 71쪽.
311) 박영대, 「한국 천주교회 성장의 빛과 그늘」, 이찬수 외, 『한국 종교를 컨설팅하다』(서울: 모시는 사람들, 2010), 86-88쪽.

종교로서의 만족감을 제대로 못하고 있다는 뜻이 된다.

또한 사람들로 하여금 천주교에 대한 높은 신뢰와 호감을 갖도록 만들었던 이유는 천주교가 가난하고 소외당한 사람들과 함께했고, 사회개혁과 정의를 위해서 노력했기 때문이다. 그런데 이제는 점점 고학력자와 고소득층 등 상류층의 종교가 되어 가고 있으며[312], 성공제일주의와 상업주의가 천주교 안에서 퍼지고 있는 현상, 부자와 권력자에 의지하여 교회 조직의 안정만을 추구하려는 태도 등은 천주교에 대한 기대를 실망으로 바꾸고 있다.[313] 따라서 천주교도 "종교 본연의 역할을 강화하면서 신자들의 영적 쇄신"을 위한 개혁과 갱신의 노력을 해야 할 것이다.[314]

(2) 영성 회복을 위한 노력

앞에서 언급한 종교학자들의 예측이 한국의 그리스도교에도 그대로 나타나고 있다. 지금 한국의 종교 지형은 '영성화와 주변화'로 양극화되는 경향을 보인다. 한쪽에서는 더욱 열심히 영적인 것을 추구하고 있는 반면, 다른 쪽에서는 종교를 자신의 삶에서 주변으로 밀어내고 있다. 영성을 추구하는 부류는 카리스마적 성령 운동으로 나타나는 뜨거운 영성과, 전통적인 전례와 신비를 추구하는 차가운 영성으로 구분할 수 있다. 과학화되고 세속화되는 사회에서 영성의 회복은 중요하며, 한국 교회에서는 영성 회복을 위한 갱신과 개혁을 추진해 나가야 한다. 그래야 '종교의 주변화와 쇠퇴화'를 극복할 수

---

312) 같은 글.
313) 박영대, 위의 글, 137-140쪽.
314) 박문수, 앞의 글, 92-93쪽.

있을 것이다.[315]

영성 회복 운동은 여러 가지 유형으로 나타날 수 있다. 그 중에서 본 연구가 제일 관심을 갖고 한국의 교회가 나아가야 할 방향으로 제시하고 싶은 것은 바로 '새로운 카리스마 운동'이다. 그 이유는 현재 세계적으로 주류 그리스도교가 점차 감소하는 추세를 보이는 데 반하여, 카리스마적 성령 운동을 하는 교회들은 계속해서 많이 성장하고 있기 때문이다. 이들은 전 세계적으로 약 5억 명이 넘는 신자를 갖고 있다고 추정된다.[316] 이런 흐름을 통해 포스트모던 시대에는 그런 영성이 더 매력적으로 사람들에게 다가갈 것이라는 사실을 예측할 수 있다.[317]

오순절 운동과 은사주의 운동으로 대표되는 카리스마적 성령 운동에서는 오순절 이후 지금까지를 성령의 시대라고 말한다. 종교적 관점에서 오순절의 경험은 매우 중요하다. 성령의 능력 안에 있는 교회는 이미 그 자체가 하나의 메시지가 된다.[318] 그러므로 성령 운동은 교회의 시작과 함께했다고 말해도 과언은 아니다. 초대교회의 시작이 마르코의 다락방에서 일어난 오순절 성령강림 사건에서 기원했기 때문이다. 따라서 성령 운동이 새로운 것은 아니지만, 현대성으로부터 벗어나고 현대성의 모순들을 극복하려는 시도로 새롭게 부각되기 시작했다.[319]

---

315) 최현종, 『오늘의 사회, 오늘의 종교』(서울: 다산출판사, 2017), 244-250쪽.
316) 김성건, 「신자유주의 세계화 시대 성령 운동의 영성과 해방신학」, 『한국사회학회 사회학 대회 논문집』(한국사회학회, 2008), 437쪽.
317) 존 피니, 『새로운 전도가 온다』, 237-239쪽.
318) 데이비드 J. 보쉬, 『변화하고 있는 선교』, 759-760쪽.
319) 이원규, 『종교의 세속화』, 214쪽.

(3) 교회의 갱신과 개혁의 필요

종교는 인간이 다른 동물들로부터 구별되는 특징으로서, 삶의 중요한 문제들, 고통과 두려움, 죽음과 내세 등의 질문에 대한 해답을 제시해 준다. 종교의 가치는 일반적으로 구원, 자기 초월, 성스러운 존재와의 합일 등으로 드러나는데, 현대사회는 '세속화, 과학화, 제도화'의 흐름 속에서 종교가 성스러움을 제대로 발휘하지 못하고 있다. 현대사회에서 종교가 매력을 상실하는 이유는 종교 자체가 성스러움을 잃어 가고 성직자들마저 속화되고 있기 때문이다. 따라서 신자들에게 성스러움을 접할 수 있는 기회를 많이 제공해야 한다. 시대가 변하더라도 사회의 흐름에 적응해 가면서 성스러움의 체계를 유지하고 발전해 간다면, 종교의 위기는 극복될 수 있을 것이다.[320]

위기 극복을 위해서 한국의 그리스도교는 성직 제도와 교회 제도 등 모든 분야에 걸쳐 전반적으로 종교개혁 수준의 갱신과 개혁이 필요하다. 이를 위해서 최근 미국에서 시작된 '신사도적 개혁 운동'(New Apostolic Reformation Movement, 약칭 '신사도 운동')이 좋은 대안이라고 생각된다. 신사도 운동은 카리스마적 성령 운동인 동시에 교회개혁 운동이기 때문이다. 신사도 운동을 이끌어 가는 사람들은 자기들 스스로 '제2의 종교개혁'[321]이라고 말한다.

다른 그리스도교 교단들이 쇠퇴하는 추세를 보이는 가운데, 신사도 운동 계열의 교회는 계속 급성장하고 있다. 신사도 운동은 한국 교회에도 좋은 영향력을 미칠 것이라고 기대된다. 그리스도교의 출발은 오순절 성령강림 사건이기 때문에, 그리스도교에서 카리스마

---

320) 김웅태, 『종교의 현대적 적용』, 62-64쪽.
321) '종교개혁'보다는 '교회개혁'이 맞지만, 신사도 운동의 표현을 그대로 인용했다.

적 성령 체험은 매우 중요하다고 말할 수 있다. 더구나 한국 그리스 도교의 부흥은 1907년 평양 대부흥 운동에서 시작되었다고 해도 과언이 아니다. 따라서 지금 한국의 그리스도교가 위기를 극복하기 위해서는 종교적 카리스마의 회복이 필요하며, 신사도 운동이 하나의 대안이 될 수 있다고 생각한다.

한국 그리스도교의 나아갈 길로 신사도 운동을 제시하는 것은 또 하나의 중요한 이유가 있기 때문이다. 카리스마적인 성령 운동이 한국인의 종교적 심성에 가장 가깝고, 잘 어울리기 때문이다. 아무리 시대가 변했다고 해도 가장 밑바탕에 있는 종교적 심성은 쉽게 변하지 않기 때문이다. 한국인들에게 가장 영향을 준 종교는 무교巫敎이고, 과학기술이 발달한 지금도 무교는 여전히 한국인들에게 큰 영향력을 미치고 있다.

(4) 이웃 종교들과 상호 선교

앞으로 한국의 종교들은 이웃 종교를 향한 혐오와 배제로 이기적인 생존만을 도모하던 모습을 버리고, 평화 속에 공존하며 진리를 향해 함께 나아가고, 한국의 종교 문화를 더욱 풍성하게 만들려는 자세가 필요하다. 이를 위해서는 자기 종교의 전통과 정체성을 보존하는 동시에, 다른 종교의 훌륭한 가르침과 전통에 자신을 개방할 필요가 있다.

우리나라의 역사와 문화는 오랜 시간 동안 유지되었던 다종교 상황 속에서 꽃피웠으며, 지금도 여전히 여러 종교들이 동시에 활발히 활동하고 있는 상태이다. 따라서 한국에서는 이웃 종교들에 대한 존중과 대화가 더욱 필요하며, 피상적인 대화를 넘어 상호 선교의 길로 나아가야 한다. 상호 선교의 목적은 상대방을 제압하려는 적대적인 태도나 완전한 합의에 이르러 하나로 합치려는 혼합주의적인 태도가 아니라, 다양한 신앙과 종교 전통을 더욱 풍성하게 하여, 서로 상생의 길을 모색하는 데 있다. 상호 선교를 통해서 서로의 부족한 점을 보완하고, 자신의 종교를 더욱 깊게 이해하고 자신의 영성을 더욱 심화시킬 수 있다. 또한 그리스도교는 한국의 여러 종교들과 함께 상호 보완적인 역할을 하면서, '한국 그리스도교의 토착화, 한국 종교 문화의 비옥화'를 위해 노력을 기울여야 한다. 그리하여 그리스도교가 더 이상 외래 종교가 아니라 한국의 종교가 되고, 한국의 종교 문화 안으로 녹아 들어가서, 한국의 종교 문화를 더욱 풍성하게 만들어야 한다.

PART 4

신사도 운동과
한국 무교의 상호 선교

1
상호 선교의 필요성

1) 한국의 종교 문화와 그리스도교

이미 오래전부터 한국은 여러 종교들이 공존하고 있는 다종교 사회였지만, 오늘날에는 세계적으로 유례를 찾아보기 어려울 정도의 '종교 백화점'이 되어, 전 세계의 주요 종교들이 거의 들어와 있는 상황으로 발전했다. 그러나 지금 한국 사회에서는 종교, 특히 기존 제도종교의 영향력이 점점 감소하고 있으며, 최근에는 무종교 인구가 종교 인구를 추월했다.

현재 한국의 종교 상황은 매우 역설적이다. 한편으로는 다문화와 다종교 시대를 맞이하여 더욱 풍성한 종교 문화를 꽃피울 수 있는 바탕이 준비되었지만, 다른 한편으로는 무신론 또는 무종교, 탈제도종교의 흐름으로 종교의 위기감이 점점 커지고 있다. 또한 종교인들 사이에도 '영성화와 주변화'로 양극화되는 경향을 보이고 있다. 한쪽에서는 더욱 열심히 영적인 것을 추구하려는 사람들이 있는 반면, 다른 쪽에서는 종교를 자신의 삶에서 주변으로 밀어내려고 하는 사람들이 있다.

지금 한국 사회는 물질적이고 과학적이며 합리적인 가치가 지배한다. 이로 인하여 초월적이고 신비적이며 영적인 가치에 대한 결핍 현상을 초래하게 되었다. 또한 지금의 한국인들은 신자유주의 체제에서 치열한 경쟁과 극심한 스트레스를 겪고 있기 때문에, 정신적으로 혼란스럽고 불안한 상태이다. 이로 인하여 한국인들의 행복지수는 낮아지고, 자살률은 높아지는 등, 삶의 만족도가 점점 낮아지고 있다. 힘든 세상살이에 지친 사람들은 지지와 격려, 위로와 평화를 얻기 위해서 종교 또는 영성을 찾으려는 경향을 보인다.[322] 고도의 물질문명이 역설적으로 정신적인 가치를 갈망하게 하는 기폭제가 된 것이다.

그러나 지금 한국의 종교들은 이런 시대적 요구에 제대로 부응하지 못하고 있다. 사람들의 영적인 욕구를 제대로 충족시켜 주지 못하고 있으며, 여러 가지 부정적이고 역기능적인 행태를 보인다. 각종교들이 겉으로는 사랑과 자비, 정의와 평화를 말하면서도 내부적으로는 부정부패, 이권다툼, 권력투쟁 등이 빈번하고, 타종교를 향한 반목과 비방, 혐오와 배제를 하는 등, 종교의 가르침과 상반되는 모습을 자주 보여 왔다. 이로 인해 많은 사람들이 종교에 실망하고 떠나가거나 새로운 대안으로 신종교를 찾고 있다.

그 결과 지금 한국 사회에서는 종교, 특히 기존 제도종교의 영향력이 점점 감소하고 있으며, 젊을수록 무종교 인구 비율이 높아지는 추세를 보이고 있어서, 앞으로 종교 인구는 점점 더 감소하게 될 것

---

322) 종교의 유무와는 관계없이 템플스테이, 명상, 단전호흡 등으로 대표되는 힐링의 수요는 점점 커지고 있으며, 불안한 미래를 예측하고자 타로나 점술을 찾는 사람들도 많아지고 있다. 이들 중에는 미래를 바꾸기 위해서 굿이나 부적에 의지하는 사람들도 있다. 해마다 서울 근교에서 약 5만 건의 굿이 벌어지고 있다. 자세한 사항은 김동규, 「현대 무속 세계의 설득구조: '운세'와 '신령'의 결합」, 42-43쪽 참조.

이다. 이런 상황을 맞이하여 한국의 종교들은 한국인들의 종교적 요구를 충족시키며, 사람들의 행복을 위해 봉사하고, 공동선을 위하여 함께 노력하는 등, 한국 사회에 긍정적으로 기여할 수 있는 방법을 고민하지 않으면 안 된다. 앞으로 한국의 종교들은 이웃 종교를 향한 혐오와 배제로 이기적인 생존만을 도모하던 모습을 버리고, 평화 속에 공존하며 진리를 향해 함께 나아가고, 한국의 종교 문화를 더욱 풍성하게 만들려는 자세가 필요하다. 이를 위해서는 자기 종교의 전통과 정체성을 보존하는 동시에, 다른 종교의 훌륭한 가르침과 전통에 자신을 개방할 필요가 있다.

이는 그리스도교 교회의 가르침에도 부합한다. 제2차 바티칸 공의회에서는 "제 민족의 철학과 예지에 입각하여 어떤 경로로 신앙이 이해될 수 있는가, 또 어떤 방법으로 그들의 풍습과 생활 감정, 사회 질서 등이 하나님의 계시에 의한 도덕과 합치될 수 있는가"를 연구할 필요가 있다고 언급했다.[323] 또한 교황 요한 바오로 2세는 "교회는 민족들 가운데서 선교 활동을 수행하면서 다양한 문화를 만나게 되고 토착화 과정에 참여하게 됩니다."라면서, "토착화함으로써 교회는 다양한 문화와 복음을 융화시키고, 동시에 민족들을 고유한 문화와 함께 교회 공동체 안에 받아들입니다."라고 강조했다.[324]

이것은 교회가 각 민족들에게 그리스도교의 복음을 전할 때, 그들 안에 있는 좋은 요소들을 수용하고 내부로부터 쇄신해야 한다는 뜻이다. 따라서 한국의 그리스도교는 한국의 전통과 문화, 그리고

---

323) 『교회의 선교 활동에 관한 교령』 22항.
324) 『교회의 선교 사명』 52항.

한국인의 마음밭, 즉 '한국인의 종교적 심성'에 대한 관심을 가져야 한다.

이전의 선교는 서구 우월주의와 타종교에 대한 배타주의적인 입장에서 서구의 그리스도교를 피선교지역에 일방적으로 이식하려는 노력을 쏟았다. 그러나 지금의 선교는 각 지역의 문화와 전통을 존중하고, 그 지역의 전통 종교 및 민간신앙과 서로 배우고 함께 성장하는 '상호 선교'에 관심을 기울여야 하는 시대를 맞이했다. 그러나 한국의 그리스도교는 한국인의 종교적 심성에 제대로 토착화되지 못하고 여전히 이질적인 요소로 남아 있으며, 한국의 종교 문화에도 좋은 영향을 미치기보다는 생태교란종의 모습을 보인다. 이제 한국의 그리스도교는 한국의 종교 문화에 대하여 대립적이거나 배타적인 태도를 버리고, 상호 보완적이며 발전적인 관계를 정립해야 할 필요가 있다.

우리나라의 역사와 문화는 오랜 시간 동안 유지되었던 다종교 상황 속에서 꽃피웠으며, 지금도 여전히 여러 종교들이 동시에 활발히 활동하고 있는 상태이다. 따라서 한국에서는 이웃 종교들에 대한 존중과 대화가 더욱 필요하며, 피상적인 대화를 넘어 상호 선교의 길로 나아가야 한다. 상호 선교의 목적은 라이문도 파니카(R. Panikkar)가 말한 종교 간의 대화의 목적과 많은 부분이 일치한다. 즉 상대방을 제압하려는 '적대적인 태도'나 완전한 합의에 이르러 하나로 합치려는 '혼합주의적인 태도'가 아니라, 다양한 신앙과 종교 전통을 더욱 풍성하게 하여, 서로 '상생의 길'을 모색하는 데 있다.[325] 상호 선

---

325) 파니카, 『종교 간의 대화』, 37쪽, 107쪽.

교를 통해서 서로의 부족한 점을 보완하고, 자신의 종교를 더욱 깊게 이해하고, 자신의 영성을 더욱 심화시킬 수 있다.

한국의 각 종교들이 상호 보완적인 역할을 하면서, '한국 그리스도교의 토착화', '한국 종교 문화의 비옥화'의 효과가 나타나기를 기대한다. 그러기 위해서는 그리스도교가 더 이상 외래 종교가 아니라, 한국의 종교가 되기 위해서 어떻게 해야 하는지 고민과 연구를 할 필요가 있다. 앞으로 한국의 그리스도교가 지금 이 시대의 한국인들의 종교적 필요를 채워 주며, 한국 사회에 긍정적인 기여를 할 수 있는 길을 찾아야 한다.

그리스도교가 사회에 기여할 수 있는 가장 좋은 방법은 로핑크(G. Lohfink)가 강조한 대로 "교회가 참으로 교회가 되는 것"이다.[326] 상호선교는 다른 종교와의 대화와 교류를 통해서 그리스도교가 더욱 그리스도교답게 되는 데 도움이 된다. 이를 통하여 그리스도교의 본질적인 요소들은 그대로 유지하면서 서구의 문화와 제도라는 옷을 벗고, 한국의 전통적인 종교 문화와 이 시대 한국인들의 정서에 맞는 새로운 옷으로 갈아입고, '한국의 교회가 참으로 한국의 교회'가 되어야 한다.

2) 한국 무교와 그리스도교의 대화

각 시대에 따라서 한국의 주류 종교가 교체되기는 했지만, 그 근

---

326) 로핑크, 『예수는 어떤 공동체를 원했나』, 278쪽.

간을 이루는 것은 여전히 샤머니즘을 바탕으로 하는 무교였다. 불교와 유교 같은 외래 종교가 우리나라에 들어왔을 때, 그 종교들은 한국 고유의 종교인 무교를 불교화 또는 유교화하여 자기 편으로 끌어들인 것이 아니라, 오히려 그 종교들이 샤머니즘화되었다. 이런 현상은 그리스도교에서도 마찬가지였다.

한국 개신교의 예배는 열광적으로 통성기도를 하거나, 힘차고 신나는 찬양을 하면서 '성령 충만'에 들어가기를 추구하는 경향이 있는데, 이는 샤머니즘의 신들림에 익숙한 한국인의 종교적 심성이 반영된 것이라고 볼 수 있다. 또한 기도원에 들어가서 금식기도, 철야기도 등을 하면서 신에게 헌신하면 자신들이 처한 문제들이 해결될 것이라는 희망을 갖는 것도 샤머니즘에서 신령에게 정성을 바쳐서 치병이나 소원 성취를 이루려는 것과 비슷하다.

한국에서 성령 운동이 폭발적으로 성장하게 된 배경에는 한국인의 종교적 심성 안에 있는 무교적인 심성의 영향이 크다고 말할 수 있다. 교리적인 부분에서는 구별할 수 있지만, 체험적인 요소는 유사성이 많으며, 무교에 익숙한 한국인 종교적 심성은 이미 성령 운동을 받아들일 준비가 되어 있었다. 따라서 새로운 성령 운동의 추진은 지금 한국 교회의 위기를 극복하기 위한 좋은 대안 중의 하나가 될 수 있다.

한국의 민간신앙, 특히 무교[327]에서 전통적으로 무당[328]들이 해왔

---

327) 일반적으로 무속과 무교라는 명칭으로 많이 사용된다. 본 연구자는 하나의 민속 문화 또는 풍속으로 바라보는 무속이라는 명칭보다는, 불교, 기독교와 같은 정식 종교로 인정하는 무교라는 명칭을 사용하는 것이 옳다고 판단하기 때문에 무교라는 용어를 사용한다.

328) 무교의 성직자를 가리키는 용어는 무당 이외에도 만신, 당골, 보살, 심방, 박수, 선관, 법사, 무녀, 명도, 점쟁이, 복수, 재인, 화랑, 광대. 신장, 신방 등 수많은 명칭이 존재하지만, 일반적으로 가장 쓰

던 역할들은 복음서에 기록된 예수 그리스도의 지상 사역과 많은 부분이 비슷하다. 우리나라의 역사 속에서 국교의 역할을 했던 제도종교들은 기존 권력층과 야합하고 민중들의 고통을 외면했던 것에 비해, 무교는 민중종교로서 한 많은 민중들을 섬겼다. 무당들은 자신들의 신도인 단골들의 고통을 듣고 한을 풀기 위해 온갖 정성과 마음을 쏟았으며, 양반 중심의 가부장적 유교 문화에서 사람 취급을 받지 못한 민중들과 온갖 차별 속에서 숨 막히게 살았던 여성들의 한을 달래 주었다. 함께 노래를 부르고 춤을 추며 신명나게 웃다가 한스러운 현실에 실컷 울면서, 마침내는 서로 음식을 나누면서 민중들과 하나가 되었다.[329]

이런 무당들의 섬김은 복음서에 기록된 예수의 모습과 상당 부분 유사하다. 예수는 당시 제도권에서 밀려나고 종교인들에게 죄인 취급 받으며 무시당한 민중들에게 다가가 그들과 함께 먹고 마셨으며, 힘든 세상 속에서 고통 받는 이들을 위로하고, 병든 사람들을 고쳤으며, 절망 속에 빠져 있는 사람들에게 새로운 세상에 대한 희망을 제시했다. 또한 민중들을 외면하며 자신들의 이익에만 관심을 갖던 당시의 종교 권력자들을 강하게 비판했다. 이런 예수의 활동은 당시 유대 민중들에게 기쁨이자 희망이 되었으며, 말 그대로 '복음'이었다. 이처럼 그리스도교는 당시 제도종교에서 소외된 민중들로부터 출발했다.

그러나 이런 예수의 모습과는 달리 지금 한국의 그리스도교는 점

이는 무당을 사용하기로 한다.

329) 박일영, 「가톨릭과 巫敎의 相互宣敎」, 10-13쪽; 박일영, 「무교적 심성과 가톨릭의 '한국화'」, 29-30쪽.

점 고학력자와 고소득층 등 상류층의 종교가 되어 가고 있으며, 부자와 권력자에 의지하여 교회 조직의 안정만을 추구하려는 태도를 보여서 사람들에게 실망을 안겨 주고 있다. 성직자들은 엘리트 의식과 선민 의식에 빠져 권위적인 태도로 신자들을 대하고 온갖 특권을 누리려고 하는 등, 민중들의 현실과 동떨어진 모습을 보이며, 예수 그리스도의 삶과 가르침에서도 멀어지게 되었다. 이런 한국의 그리스도교는 예수가 그토록 비판했던 바리사이파와 사두가이파 사람들의 모습이 되어 버렸다.

한국 그리스도교의 위기는 바로 '예수 정신'의 상실에서 시작되었다고 해도 과언이 아니며, 이 위기를 극복하기 위해서는 예수의 정신을 다시 회복해야 한다. 이런 맥락에서 그리스도교는 이 시대를 살아가는 한국의 민중들에 대해 더 깊은 관심을 갖고, 그들이 종교에 대해 바라는 것이 무엇인지 깨달아야 한다. 또한 한국의 민간신앙적인 요소들을 무시하거나 배제하는 것이 아니라, 한국인들의 종교적 심성과 종교 문화 안으로 들어가기 위해 노력해야 한다. 이를 통해 그리스도교는 예수 정신과 복음의 본질을 다시 회복하여 더욱 그리스도교답게 될 수 있을 것이다. 또한 예수 정신을 회복한 그리스도교는 지금의 시대적 요구에 부응할 수 있으며, 더 나아가 '불교 문화', '유교 문화', '무교 문화' 등과 함께 '그리스도교 문화'는 한국의 종교 문화를 더욱 풍성하게 만들 수 있을 것이다.

2

신사도 운동과 한국 무교의
상호 선교

1) 무교가 그리스도교에 미친 영향

한국의 무교는 거대한 용광로 같다고 말하는 사람들이 많다. 이것
은 무교의 포용성을 단적으로 보여준다. 무교는 우리나라에 전래된
불교, 그리고 유교와 습합의 과정을 거치면서 한국적인 불교, 한국적
인 유교를 만들어 냈다. 이런 과정은 그리스도교에서도 나타난다.
그러나 다른 종교들이 무교와의 습합 과정을 자연스럽게 받아들인
것과는 달리, 그리스도교에서는 무교의 영향에 대해서 부정적인 입
장을 보여 왔다. 그러나 그리스도교가 한국에 들어왔을 때 가장 첨
예한 대립을 보였던 무교는 이제 그리스도교의 정서 안으로 녹아들
어 왔다. 이런 현상은 세습무와 비슷한 성향을 가지고 있는 가톨릭
보다는 강신무적인 성향을 보이는 개신교에서 특히 더 두드러지게
나타난다.[330] 가톨릭은 중앙의 통제가 강하고 개교회의 독자적인 행
동을 용납하지 않기 때문에 상대적으로 개신교에 비해 무교의 영향
이 강하게 나타나지는 않지만, 천주교 안에도 무교적인 요소는 존재

---

330) 최준식, 『한국의 종교, 문화로 읽는다 1』(파주: 사계절, 2005: 2판), 75쪽.

한다.

(1) 공식 그리스도교와 민간 그리스도교

장남혁은 로버트 슈라이터(Robert J. Schreiter)가 종교를 '공식적인 종교와 민간적인 종교'로 나눈 것을 그리스도교에 적용하여, 그리스도교도 '공식 그리스도교(official Christianity)'와 '민간 그리스도교(folk Christianity)'로 구분할 수 있다고 말한다. 공식 그리스도교는 '교단 및 교회 직제의 중심'을 차지하는 성직자나 신학자 등 종교 엘리트들을 중심으로 바라보는 관점이고, 민간 그리스도교는 일반 신자들이나 대중들이 받아들이는 그리스도교를 말한다. 그에 따르면, "민간 그리스도교인들은 정통적인 교리를 숙지하고 따르는 것보다는 자신의 종교로부터 영적인 힘과 도움을 얻는 것에 관심을 둔다."고 평가한다.[331]

어느 종교나 민간적인 요소들은 모두 비슷한 성향을 보인다. 그리스도교의 경우에는 교회의 전통적인 교리와 신학보다는 자신들이 체험한 경험을 강조하는 개신교에서 더 두드러지게 나타났으며, 부흥회나 기도원을 중심으로 발전해 왔다.[332]

민간 그리스도교에서는 성령의 능력을 추구한다. 만일 어떤 지도자가 성령의 능력을 받았다고 소문이 나면, 많은 사람들이 그에게 몰려든다. 치유의 은사나 축귀 능력 등 특별한 능력을 소유하게 되면, 다른 사람들에게 선망의 대상이 된다. 이들에게는 높은 수준의

---

331) 장남혁, 『교회 속의 샤머니즘』(서울: 집문당, 2007), 58-59쪽.
332) 위의 책, 66-67쪽.

신학적 지식이나 훌륭한 인격보다 성령의 능력을 받는 것이 더 중요하게 여겨진다. 성령의 능력을 받는 제일 빠른 방법은 성령 충만한 능력자들에게 안수기도를 받는 것이라고 생각한다.[333]

이런 민간 그리스도교는 앞에서 언급한 대로 한국인의 종교적 심성과 그리스도교가 '에토스'와 '파토스' 차원에서 습합된 형태라고 볼 수 있다. 다시 말하면, 한국의 그리스도교 신자들은 무교적인 요소를 그대로 간직한 상태로 그리스도교를 받아들였다고 해도 과언이 아니다. 이런 민간적인 요소를 무시할 수는 없다. 그리스도교의 교리에 크게 어긋나지 않는 범위 내에서는 수용할 필요가 있다. 성서에도 당시의 민간적인 요소들이 많이 반영되어 있었기 때문이다. 이런 요소들이 서구의 합리적인 세계관에서 사라져 버렸으며, 그리스도교가 교리화·제도화되면서 본연의 역동성을 잃어버리게 되었다.

(2) 한국인의 종교적 심성과 그리스도교

무교는 정형화된 조직이나 경전이 없기 때문에 유동적이고 포용적인 성향을 가지고 있다. 그 결과 정형화된 다른 종교에 비해서 한국인의 독특한 민족성과 그 시대의 종교적 요구가 무교에 가장 잘 반영되었다. 따라서 한국 민간신앙과 무교, 한국인의 종교적 심성은 불가분의 관계이며, 한국 종교 문화의 토대를 이룬다고 해도 과언이 아니다. 이런 한국의 종교 문화는 한국 그리스도교에 많은 영향을 미쳤다. 박일영은 "그리스도교가 한국에 들어와서는 한국 문화에 순응하는 것이 순리"이며, "오래 전부터 이 땅에 있어 온 무교의 영

---

333) 장남혁, 『교회 속의 샤머니즘』 84-85쪽.

향을 그리스도교가 받는 것은 자연스러운 귀결"이라고 말한다. 그에 따르면, 한국 그리스도교가 무교에게 영향을 받아서 나타나는 특징은 "신바람, 현세 지향적 사고, 종교적 탄력성"이다.[334]

한국인의 종교적 심성과 여러 민간신앙을 수용한 무교가 한국 종교 문화의 중심이라는 사실을 부정할 수 없다. 이런 무교가 한국의 그리스도교에 어떤 영향을 미쳤는지 개신교와 천주교로 구분하여 살펴보도록 하겠다.

① 무교가 개신교에 미친 영향

한국의 공식 그리스도교는 서구적인 세계관의 영향을 많이 받았고, 한국 민간 그리스도교는 한국인의 종교적인 심성, 특히 무교의 영향을 강하게 받았다. 따라서 한국의 그리스도교는 한국 무교의 변형에 불과하다는 말이 나올 정도로, 대다수의 한국 교회는 '현세적 기복주의'나, '열렬한 새벽기도'와 '불같은 성령 부흥회' 등을 통해 '몰아경'에 이르는 것을 동경한다. 한국인의 종교적 심성이 가장 잘 반영된 무교가 한국 개신교에 미친 영향은 민간신앙적인 요소들과 샤머니즘적인 요소들로 나누어서 살펴볼 수 있다.[335]

이복규는 '기도와 헌금' 그리고 기타 영역으로 나누어서 무교가 개신교에 미친 영향들을 정리했다. 그에 따르면, 한국 개신교회는 서구 개신교에서는 찾아볼 수 없는 전통들이 있는데, 대표적인 것이 '새벽기도', '주여 삼창', '산기도', '특별기도 시 목회자의 음성 및 어조

---

334) 박일영, 『한국 무교와 그리스도교』 82-87쪽.
335) 무교의 정의를 한국의 샤머니즘으로 좁게 한정해서 사용하는 경우도 있고, 한국의 가정 신앙과 마을 신앙 등 여러 민간신앙이 포함된 넓은 의미로 사용하는 경우도 있다.

의 변화' 등이다. 이것들은 개신교가 한국에 수용되는 시기에 한국 무교의 전통이 유입된 것이다. 한국 개신교에서는 유난히 새벽기도가 활성화되었는데, 이는 새벽 미명에 주부들이 조왕단지 정화수를 채우고 기도하던 조왕 신앙의 영향이라고 볼 수 있다. 이런 조왕 신앙에 익숙하던 사람들이 개신교 신자가 되면서 새벽기도를 이어갔다는 뜻이다. 또한 통성기도를 할 때 "주여, 주여, 주여" 이렇게 큰소리로 주여 삼창을 하는데, 이는 한국 무교의 '청신請神' 과정의 영향이다. 한국 개신교의 독특한 기도 중의 하나는 바로 산기도인데, 이는 무당들이 영력을 얻기 위해서 산기도를 하던 것에서 영향을 받았다고 볼 수 있다. 개신교 목사들은 부흥집회나 특별기도를 할 때, 또는 설교를 할 때에도 목소리나 어조를 바꾸어 하는 경우가 많은데, 이는 무당의 공수 전통을 은연중에 도입했다고 판단된다. 신자들이 몸이 아프거나 여러 가지 힘든 일이 있을 때 안수기도를 받는 것도 무당의 영력으로 문제를 해결하던 습관의 영향이다.[336]

개신교 신자들이 헌금을 바치는 목적이나 태도는 그리스도교의 전통보다는 무교의 전통과 더 유사하다. 그리스도교에서 헌금은 하나님의 은혜에 대한 감사나 헌신의 표시로 드리지만, 개신교에서는 헌금을 정성스럽게 바쳐서 신을 만족시킴으로써 자신의 소원을 성취하고 축복을 받으려는 기복적인 성향이 있다. 정성을 바치면 복을 받을 수 있다는 태도는 전형적인 한국 무교의 영향이라고 볼 수 있다. 또한 헌금을 바칠 때, 새 돈으로 바꿔서 내거나 가능하면 깨끗

---

336) 이복규, 「한국 개신교의 특이 현상들과 민간신앙과의 상관성」, 한국민속학회, 『민간신앙 2』(서울: 민속원, 2008), 155-161쪽.

한 돈을 준비하고, 심지어는 다리미로 다려서 내는 등, 서구 개신교에서는 찾아볼 수 없는 전통들이 있는데, 이는 제물을 바칠 때 부정을 타지 않도록 조심하는 무교의 영향을 받은 것이다.[337]

무교의 샤머니즘적인 요소들이 교회에 미친 영향들에 대해서 장남혁은 "샤머니즘적 신념들, 그리스도교 사역에 나타나는 태도 및 가치들, 예배에 나타나는 샤머니즘적 정서 및 태도들"로 정리했다. 그에 따르면, 샤머니즘적 신념들에는 "멀리 떨어져 계신 하나님 관념, 능력에 대한 지나친 관심, 인격 성숙에 대한 무관심, 성과지상주의적 사고, 자신의 목적을 이루기 위한 수단으로서의 종교 활동, 혈연 중심 사상, 귀신론적 환원주의" 등이 있고, 그리스도교 사역에 나타나는 샤머니즘적 태도 및 가치들에는 "종교 지도자의 신격화, 능력에 따른 특권 의식, 능력의 현시에 집중한 사역 형태, 능력의 분배자로 자처하는 사역자, 직관에 대한 지나친 의존, 영적 통찰력에 의존한 진로 결정, 주술적 방식의 치유 사역, 기복적 심방 사역" 등이 있다. 또한 예배에 나타나는 샤머니즘적 정서 및 태도들에는 "감정 주도적 의식, 복을 거래하는 태도, 어두운 세력에 대한 공포심, 자신의 뜻을 앞세우는 태도 등"이 있다.[338]

이런 한국 교회의 독특한 문화는 신들림 현상, 현세적이고 즉각적 해결이라는 무교의 특성을 그대로 반영한다고 말할 수 있다. 다분히 감정적이고 주술적인 것에 휘둘리는 그리스도인들은 남을 품지 못하고 자기만족에 머무르게 된다. 또한 그리스도교의 무교화는 현재를

---

337) 위의 글, 161-165쪽.
338) 장남혁, 『교회 속의 샤머니즘』, 116-139쪽.

넘어서도록 만드는 믿음과 용기를 잃어버리게 하고, 현세적 위안과 안정만을 추구하게 만드는 점이 가장 큰 문제라는 비판이 있다.[339]

② 무교가 천주교에 미친 영향

천주교는 중앙집권적인 형태로 교회의 질서를 유지하고 있기 때문에 개신교에 비해서 무교의 영향력을 적게 받았다. 그렇지만 한국의 천주교 신자들이 순수하게 로마 가톨릭교회의 전통만으로 신앙생활을 하는 것은 아니다. 천주교 안에 한국의 민간신앙과 무교적인 영향들이 부분적으로 자리 잡고 있다. 따라서 서구 가톨릭과 달리 한국에서 특히 강조되는 요소들은 무교의 영향을 받았다고 평가할 수 있다.

김영수는 한국 천주교에 수용된 무교적인 요소들을 '준성사적 행위'와 '신심 행위'로 구분하여 설명했다. 그에 따르면, 준성사적 행위에서 각종 축복식은 고사의 영향을 받았다고 볼 수 있다. 신자들이 이사, 개업, 자동차 구입 등을 하면 신부를 초청하는데, 신부는 성수를 뿌리며 축복한다. 이는 새로운 일을 시작하거나 특별한 일이 있을 때 무당을 초청하여 고사를 지내던 전통에서 유래한다. 또한 한국 천주교 신자들은 십자가상이나 성모 마리아상, 또는 예수 성심상 등을 유난히 소중하게 생각하는데, 일부 신자들은 이를 부적처럼 생각하는 경우도 있다. 개신교와 마찬가지로 천주교 신자들도 예물 준비를 엄격하게 한다. 또한 각종 미사 예물을 사제에게 정성껏 바친다. 교무금이나 주일헌금은 교구로 가지만, 혼인, 장례나 기타 개인적인 목적으로 미사를 드릴 때 바치는 미사 예물은 사제 개인에

---

339) 위의 책, 134-139쪽.

게 간다. 그런데 때로는 미사 예물의 액수가 지나치게 많으며, 일부 신자들은 '사제를 샀다'는 표현을 하기도 한다. 미사 예물이 많을수록 사제가 더 정성껏 미사를 드리고 하나님이 소원을 더 잘 들어 줄 것이라는 태도는 다분히 무교적인 생각이다. 또한 한국 천주교의 장례 절차와 연도에는 한국 무교적인 요소들이 많이 수용되었다.[340]

또한 한국 천주교의 신심 행위에서도 무교적인 요소들이 나타나는데, 대표적인 현상은 바로 성령 운동이다. "천주교 성령 세미나에서 나타나는 성령 체험의 모습은 무당의 강신 체험이나 엑스타시 현상과 비슷하다."고 김영수는 평가한다. 또한 한국 천주교에는 '피정의 집'이 유난히 많이 있는데, 한국 무교에서 소원 성취를 위해서 산기도를 드리던 관행이 영향을 주었다고 볼 수 있다. 가톨릭이라는 외래의 종교 문화와 한국의 무교적인 민간신앙이 오늘날의 천주교에서 조화를 이루고 있는 것이다.[341]

③ 그리스도교와 한국 종교 문화의 조화

한국의 그리스도교는 무교를 비롯하여 한국인의 종교적 심성과 종교 문화의 영향을 많이 받았다. 일부는 이런 영향에 대해서 부정적으로 생각하기도 한다. 이런 한국 교회의 모습은 그리스도교가 성공적으로 토착화된 것이 아니라, 그리스도교로 가장한 한국 무교의 한 형태가 아닌지 의심된다는 것이다. 즉 겉으로 드러나는 형식은 그리

---

340) 김영수, 「한국 가톨릭에 수용된 민간신앙적 요소」, 한국민속학회, 『민간신앙 1』(서울: 민속원, 2008), 148-155쪽.
341) 위의 글, 155-163쪽.

스도교이지만, 실제적인 내용은 무교가 아니냐는 지적이다.[342]

따라서 무교적인 요소들을 바라보는 관점에 따라서 갈등이 생길 수 있는데, 특히 '공식 그리스도교'와 '민간 그리스도교'에서 입장의 차이가 크게 발생하고 있다. 이것은 '공식 그리스도교'를 따르는 성직자들, 신학자들과 '민간 그리스도교'를 따르는 일반 신자들 사이를 가로막는 장벽이 될 수 있다. 성직자들은 서구적인 사고방식과 그리스도교 신학의 영향으로 한국 민간신앙을 무시하거나 무관심한 태도를 보이는 반면, 신자들은 민간신앙의 영향을 크게 받았다. 그렇기 때문에 둘 사이에 그리스도교의 신앙을 바라보는 관점의 차이가 생길 수 있다.

그러나 한국의 그리스도교 성직자들은 서구 신학에만 머무르지 말고, 한국인의 종교적 심성에도 관심을 가져야 한다. 역사적으로 그리스도교는 다양한 시대와 문화를 거치면서 새로운 신앙을 경험하게 되었고, 이를 신학적으로 다시 정리하여 자기의 정체성을 유지하고 발전시켜 왔다. 따라서 한국의 그리스도교는 한국인의 종교 체험과 신앙적 요구에 관심을 가져야 하며, 이를 토대로 새로운 신학을 만들어 가야 한다.[343]

따라서 한국 그리스도교에 유입된 한국의 종교 문화를 거부하거나 무시하는 등 배타적인 태도를 취하는 것이 아니라, 그리스도교 전통 안에서 조화를 이룰 수 있도록 노력해야 한다. 또한 신자들의 마음과 신앙생활, 그리고 종교적 요구를 제대로 이해하기 위해서 한

---

342) 조정호, 『무속 현지조사 방법과 연구사례』(서울: 민속원, 2002), 163쪽.
343) 이찬수, 「그리스도론과 종교 간 대화론」, 西江大學校 宗敎神學硏究所, 『宗敎神學硏究』 10집(왜관: 분도출판사, 1997), 303-304쪽.

국인의 종교적 심성을 알아야 하며, 한국의 기존 종교들에게 기꺼이 배워야 한다.

(3) 그리스도교의 성직자가 무당으로부터 배워야 할 점

그리스도인들은 한국의 무교에 대해서 대부분 무시와 배척의 태도를 보인다. 그리스도교 초기 선교사들은 한국의 종교 문화에 대한 무관심과 무시, 그리고 서구 우월주의적 태도로 그리스도교를 일방적으로 이식하려고 했던 태도를 보였다. 또한 한국의 초기 자생적 그리스도인들은 대부분 유학자 출신들인데, 이들 역시 무교를 무시하는 태도를 보였다. 이런 태도가 그리스도교의 신앙과 혼합되어, 마치 이런 태도가 그리스도교의 진리라고 여겨지게 되었다.[344]

이런 영향력이 지금까지 이어져서 그리스도교 성직자들은 대부분 무당에 대해서 오해와 편견을 가지고 있다. 2017년 11월에 발생한 포항의 지진과 관련하여 어느 정치가의 망언을 비판하던 목사가 아래와 같이 무당과 무교를 폄하하는 발언을 했다.

> "무당은 하늘 팔아서 자기 이익을 챙기는 사람이다. 사람들 겁주는 건 비슷하지 않나, 지진이 '경고'라는 말이냐."… "참 말이 안 된다."[345]

이 발언을 한 목사는 비교적 건전하고 열린 생각을 가졌다는 좋은 평판으로 신도들의 신뢰와 존경을 받던 사람이다. 따라서 이런

---

344) 박일영, 「무속과 그리스도교의 교류」, 88쪽.
345) 정지용, 〈기독교 원로목사 "류여해 무당인가 했다… 최고위원 아닌 최저위원"〉, 《국민일보》, 2017년 11월 20일. http://news.kmib.co.kr/article/view.asp?arcid=0011918123&code=61111111&cp=nv

발언은 일부 독선적이고 배타적인 개신교 신자들만의 생각이 아니라, 무교에 대한 일반적인 개신교의 입장을 보여준다고 해도 과언이아니다. 그러나 무당은 굿을 비롯하여 여러 가지 의례를 집행하는 사제인 동시에, 뛰어난 신적 능력을 통해 신의 뜻을 인간에게 전달해 주는 예언자이다. 가톨릭 사제이든 개신교의 목사이든, 무당으로부터 배워야 할 점이 충분히 있다.

우리나라 역사 속에서 국교의 역할을 했던 제도종교들은 기존 권력층에 야합했지만, 무교는 민중종교로서 한恨 많은 민중들을 섬겼다. 무당들은 자신들의 신도인 단골들의 고통을 듣고 한을 풀기 위해 온갖 정성과 마음을 쏟는다. 이들은 한국 역사에서 가부장적 유교 문화로 인해 사람 취급받지 못한 민중들과 숨 막혔던 여성들의 한을 달래 주었다. 노래를 부르고 춤을 추며 신명나게 웃다가, 한스러운 현실에 실컷 울면서, 마침내는 함께 음식을 나누면서 민중들과 하나가 되었다. 이런 이들의 섬김은 충분히 존경받을 가치가 있다.[346]

이렇듯 무당에게는 단순히 미신으로 치부될 수 없는 인간미와 인간애가 들어 있다. 그리스도교의 성직자들은 권위 의식을 버리고, 무당의 이런 따뜻한 마음을 배우고, 이런 연민의 정을 가지고 세상의 아픔이 있는 곳으로 찾아가야 한다. 공식적이고 제도적인 종교의 역할만 고집하다 보면 형식주의로 빠질 수 있고, 신자들의 현실과는 동떨어진 종교는 결국 소멸하기 때문이다. 따라서 그리스도교는 종교의 민간적인 요소들을 소홀히 여겨서는 안 되며, 한국인들의 민간신앙에서 중요한 역할을 차지하고 있는 무교와의 대화의 중요성을

---

346) 박일영, 「가톨릭과 巫敎의 相互宣敎」 10-13쪽. ; 박일영, 「무교적 심성과 가톨릭의 '한국화'」 29-30쪽.

깨달아야 한다.

2) 무교와 그리스도교의 상호 선교

(1) 무교와 그리스도교의 상호 선교의 필요성

지난 세기 온 세계는 산업화와 기술혁명의 결과로 사상 유례가 없는 풍요로운 세상을 이룩하게 되었지만, 반대로 비인간화 현상, 인간의 부속품화, 인간성 파괴와 가족 해체 등, 인간의 성숙과 행복에 부정적인 영향을 미치기도 했다. 이런 오늘날의 상황 속에서 서로의 아픔을 하나님과 함께, 그리고 이웃과 함께 친교의 대동잔치로 해결할 필요성이 있다. 무교와 그리스도교는 신과 인간, 인간과 인간의 일치와 화합을 목표하는 하는 점에서 공통점이 있다. 이런 공통점을 바탕으로 무교와 그리스도교의 상호 선교를 통해서, 그리스도교는 무교에게서 역동적인 모습과 살아 있는 종교성을 배우고, 무교는 그리스도교에 대한 배움을 통해 사적인 영역에 머무르지 않고 사회정의와 개혁의 차원까지 확대할 수 있을 것이다.[347] 따라서 무교와 그리스도교는 각각 상호 선교의 주체로서 자신의 전통과 정체성을 보존하는 동시에, 상대방으로부터 배움으로써 각자의 성스러움을 극대화할 필요가 있다.[348]

앞에서 살펴본 대로 신사도 운동은 한국의 종교의식과 많은 공통

---

347) 박일영, 『한국 무교와 그리스도교』, 198-199쪽.
348) 박일영, 「가톨릭과 巫教의 相互宣教」, 17쪽.

점을 가지고 있다. 이는 한국인의 종교적 심성 안에 신사도 운동이
잘 뿌리 내릴 수 있다는 것을 뜻한다. 또한 한국 무교에서도 신사도
운동에게 배울 요소들이 있다. 따라서 무교와 신사도 운동의 상호
선교에 관한 고민은 충분히 가치가 있다. 신사도 운동이 한국인의
종교적 심성 안에 잘 정착되고, 신사도 운동으로 인해 한국의 종교
적 토양이 더욱 풍성해지고 비옥해지기 위해서 신사도 운동이 한국
무교에게 배울 점과 한국 무교가 신사도 운동에게 배울 점을 알아
보고, 이 둘의 상호 선교에 대해 살펴보도록 하겠다.

(2) 신사도 운동이 한국 무교에서 배울 점

신사도 운동이 한국에 제대로 뿌리내리기 위해서는 한국 무교에
서 배워야 할 요소들이 있다. 신사도 운동은 아직 그 역사가 짧고,
한국에는 2000년 이후에 본격적으로 소개되었기 때문에 사람들에
게 생소한 개념이다. 또한 기존의 전통적인 그리스도교와는 신학적
인 관점이나 영적인 세계관이 많이 다르기 때문에, 신사도 운동은
여전히 한국 교회에서 비판과 논쟁의 대상이기도 하다. 이런 상황들
은 신사도 운동이 한국에 뿌리 내리는 데 방해 요소가 된다.

그러나 신사도 운동은 한국인의 전통적 종교적인 심성과 유사한
점이 많으며, 현재 한국인들의 종교의식과도 유사하기 때문에, 한국
인들의 종교적 요구를 채워 줄 수 있는 가능성을 충분히 가지고 있
다. 앞에서 살펴본 것처럼, 한국 개신교 신자들의 신앙은 샤머니즘
적인 성격을 보인다. 이는 초자연적인 존재나 현상들에 대한 개신교
신자들의 높은 믿음으로 드러난다. 신사도 운동에서도 헬라적 사고
에서 히브리적 사고로 세계관의 전환을 주장하며, 초자연적인 현상

과 성령의 강한 카리스마를 중요하게 생각한다. 따라서 신사도 운동은 현재 한국 교회의 신앙생활에 새로운 활력소와 갱신의 원동력이 될 수 있다.

그러나 신사도 운동은 미국에서 발생했기 때문에 문화적인 면이나 언어적인 면에서 미국적일 수밖에 없다. 신사도 운동이 한국에 뿌리 내리려면 한국의 문화와 한국인의 정서를 이해해야 한다. 그러기 위해서는 한국인의 종교적 심성의 바탕을 이루고 있는 한국 무교를 이해할 필요가 있다. 신사도 운동은 본래적 특수성과 정체성을 유지하면서, 한국적으로 변용되어야 한다. 신사도 운동의 세계관과 종교 체험은 한국 무교의 그것과 유사한 부분이 많이 있기 때문에 대화와 상호 선교가 충분히 가능하다.

한국 무교를 중심으로 한국인의 종교적 심성과 문화에 관심을 갖고 배우게 되면, '미국인에 의한, 미국인을 위한, 미국의 신사도 운동'에서 '한국인에 의한, 한국인을 위한, 한국의 신사도 운동'이 될 수 있을 것이다. 신사도 운동은 한국 종교 문화의 전통과 대립적인 관계가 아니라, 상생의 길을 모색해야 한다.[349]

신사도 운동은 외래 종교의 성격이 강하여 우리 신자들의 마음속으로 파고들기가 쉽지 않다. 그러나 내용적인 면에서는 우리의 전통적인 신앙과 크게 다르지 않다. 외래어를 사용하는 신사도 운동의 용어들은 우리에게 맞게 변경하고, 미국의 경험을 한국에 그대로 이식하는 것이 아니라, 한국인의 경험을 토대로 주체적으로 변형해야

---

[349] 이찬수, 「문화-신학 간 대화의 선적 구조」, 한국문화신학회, 『한국 종교와 문화신학』(서울: 한들, 1998), 135쪽에서 언급된 종교와 문화의 대화를 신사도 운동과 한국 문화로 범위를 좁혀서 적용했음.

한다. 따라서 같은 체험과 현상에 대해서 한국 무교가 어떤 방식으로 설명했는지 살펴볼 필요가 있다. 한국인에게 익숙한 용어와 방식으로 신사도 운동의 주요 특징을 풀어서 설명한다면, 더욱 쉽게 한국인의 마음밭에 뿌리 내릴 수 있을 것이다.

또한 신사도 운동은 무교에 흐르는 따뜻한 정情을 배워야 한다. 서구적 사고방식은 주지주의적인 면이 강한 반면, 무교는 사람들의 마음과 사람 사이의 관계를 더 중요하게 생각한다. 이런 특징으로 인해서, 힘들 때 사람들이 무당을 의지하며 많은 위로를 받는다. 그 어느 종교의 성직자들보다 무당은 '영혼의 의사'나 '상처 입은 치유자'의 역할에 탁월하다. 사회가 아무리 변하고 과학이 아무리 발전한다고 하더라도, 또한 다른 종교들이 신학적으로나 교리적으로, 제도와 형식, 교단과 건물을 아무리 발전시켜 나가더라도, 무당들은 여전히 한국인의 삶의 영역에서 중요한 역할을 하게 될 것이다. 신사도 운동이 한국에 뿌리 내리기 위해서는 이런 정서를 수용해야 한다.

(3) 한국 무교가 신사도 운동에서 배울 점

① 큰 무당 네트워크

한국 무교도 신사도 운동에서 배워야 할 요소들은 있다. 제일 먼저 도입해야 할 것은 바로 신사도 네트워크를 무교에 맞게 적용한 '큰 무당 네트워크'이다. 무교가 한국 사회에 큰 영향력을 미치지 못하고 개인적인 차원에 머무는 것은 조직이 약하기 때문이다. 한국의 무교인들 중에는 이런 점을 극복하려고 시도하는 사람들도 있다. 그 중의 일부는 '무무절'(巫巫節)을 선포하고, 무교를 민족 종교로 인정해

줄 것을 요구하며 제도종교로의 편입을 추진했다.

> 무속인들은 자신의 믿음이 무교로 인정받길 원한다. 한민족이 수천
> 년간 민족 신앙으로 믿어 온 무교가 외래 종교에 변방으로 밀려났다고
> 말한다. 그런 무속인들이 스스로 무교의 날을 정했다. 지난 25일 무속
> 인들의 모임인 대한경신연합회는 남산 팔각정에서 무무절巫巫節 선포
> 식을 열고, 무교를 민족 종교로서 제도권에 편입시켜 줄 것을 요구했
> 다. 민족 종교인 무교가 외래 종교의 영향으로 멸시받는 현실을 안타
> 까워하면서 민족 신앙으로 자리매김할 수 있도록 관심을 촉구했다.
> 또 무속인들이 품위 있는 활동으로 대중들로부터 믿음을 얻을 수 있
> 도록 노력하기로 했다.[350]

한국 무교의 특성상 하나의 통일된 교단 체계를 이루는 것은 어렵
다. 설령 무교가 제도종교가 되어 조직을 완성할 수 있다고 하더라
도, 이는 오히려 무교의 역동성과 생명력을 사라지게 만들고, 기존
의 제도종교들이 겪는 부작용이 생겨서 역효과가 더 클 것이다. 따
라서 한국 무교는 제도종교로 편입하거나 하나의 교단 조직을 만들
려고 시도하기보다는, 신사도 운동을 참고하여 큰무당 네트워크를
만들 필요가 있다. 신사도 운동에서 각각의 사도들은 독립적인 존재
이지만, 서로 네트워크를 형성하여 함께 동역하기도 한다. 이를 참고
해서 무교에서는 큰 무당 네트워크를 형성할 수 있을 것이다.

---

350) 이길우, 〈무속인들, 무교의 날 '무무절' 선포…민족종교 인정 요구〉, 《한겨레신문》, 2017년 9월 30일
(검색: 2017년 10월 18일) http://www.hani.co.kr/arti/society/religious/813212.html#csidxf697bc0
839745239a6811c51891e5f1

이는 체계적 조직이나 통일된 제도가 아니라, 각자의 고유한 특징과 전통을 인정하면서, 무당이라는 연대감으로 뭉친 개방적이고 탄력적인 네트워크를 의미한다. 네트워크가 꼭 하나일 필요는 없다. 이어받은 전통이나 모시는 신, 또는 지역적인 특징에 따라서 각각 독립적인 수많은 네트워크가 별도로 존재할 수 있고, 필요에 따라서 연합과 분산이 자유롭게 일어날 수 있는 느슨한 연대이다. 신사도 운동에서 말하는 사도는 한국 무교의 큰무당과 비슷한 개념이기 때문에, 큰무당이 사도의 역할을 하고, 큰무당의 제자들이 각자의 능력에 따라서 신사도 운동의 '오중 직임'과 비슷한 역할을 담당하면 될 것이다. 이런 큰무당 네트워크를 중심으로 사회적인 역할을 한다면, 무교를 바라보는 시선이 바뀌고, 무교의 위상도 높아질 것이다.

또한 이를 통해서 자체 정화도 가능할 것이다. 지금 한국에는 수많은 무당들이 있는데, 체계적인 양육이나 관리가 되지 않기 때문에 여러 가지 문제를 일으키는 경우가 생기고, 이로 인하여 무당 전체에 대한 인식이 나빠지고 신뢰도가 떨어지는 경우가 많다. 큰무당 네트워크에서 소속 무당들을 잘 관리한다면, 큰무당 네트워크에 대한 신뢰도가 높아지고, 한국 무교 전체를 이끌어 갈 수 있는 지도력을 얻게 될 것이다.

② 사회적 기능

또한 무교는 개인의 기복에서 끝나는 것이 아니라, 사회의 잘못된 구조를 근본적으로 변화시킬 수 있는 노력이 필요하다. 윤승용은 종교의 사회적 책임을 아래와 같이 강조했는데, 이것은 한국 무교에도 적용될 수 있다.

한국의 종교들이 사회의 신뢰를 얻기 위해서도 종교 활동에 시민적 공공성을 강화할 필요가 있다. 제도권 종교들이 계속 사적인 신앙만 고집한다면 종교는 시민의 삶과는 더욱 멀어질 것이고, 그러면 종교가 시민사회의 구성원으로서도 인정받지 못할 것이다. '시민 공동체'의 일원으로서 한국 종교들이 당당해지기 위해서도 시민의 삶의 질 향상과 관련한 '시민적 공공성' 확보는 피할 수 없는 길이다.[351]

한국 무교에 대한 사람들의 편견과 부정적인 인식을 바꾸기 위해서 무교는 더욱 노력해야 하며, 하나의 종교로서 사회 활동에 적극적으로 참여해야 한다. 한국 무교에서 적극적으로 참여하여 그 고유의 역할을 담당할 필요가 있다.

신사도 운동에서는 현존하는 하나님 나라를 강조하며, 이 세상을 적극적으로 변화시키려고 노력한다. 이를 위해서 '영적 전쟁', '땅 밟기 기도', '영적 도해'를 적극적으로 실천하고 있다. 한국 무교도 이런 역할을 담당해야 한다. 우리 역사에서 한이 많이 쌓인 장소를 찾아서 해원굿을 하고, 이를 위해서 한국의 영적 도해를 무교의 관점에서 새롭게 그려 볼 필요가 있다.

또한 불의한 권력에 희생당한 사람들을 위로하고 한을 풀어 주는 것에만 머무는 것이 아니라, 사회의 구조적인 문제를 개혁하기 위해서 적극적으로 나서야 한다. 이미 한국의 집회와 시위 문화에는 노제, 굿 등 무교적인 요소들이 많이 들어 있다. 또한 집회와 시위 현장에서 풍물패들이 앞장서고 있다. 지금은 집회에 참여한 일반인들

---

351) 윤승용, 「한국 종교, 30년간의 변화와 종교사적 과제」, 223쪽.

이 그것을 주도하고 있지만, 무당들이 적극적으로 나서서 노제를 드리고 무교의 풍물패들이 앞장선다면, 무교에 대한 오해와 편견, 무시 등은 사라지고 전통 종교로서의 사회적 위상이 강화될 것이다.

또한 신사도 운동의 사회적인 관심과 책임, 그리고 현존하는 하나님의 나라를 위해서 강조하는 '일터의 사도'를 본받을 필요가 있다. 이는 각자의 삶의 현장에서 사도의 역할을 하는 것을 의미하며, 확대 교회 사역으로 본다.[352]

무교에서도 삶의 현장에서 무교의 가르침을 적극적으로 실천하는 무교 신자로서의 정체성을 심어 줄 필요가 있다. 지금은 무교 신자라는 사실을 굳이 알리려 하지 않거나, 적극적으로 숨기려는 경향이 많이 보인다. 그러나 더 이상 위축되지 않고 당당하게 자신이 무교 신자라는 것을 밝히고, '화는 풀고, 복은 나누자'는 무교의 정신을 일상생활에서 적극적으로 실천하기 위해서는, 무교 신자로서의 정체성을 깨닫고, 자부심을 갖기 위한 신자 양육 체계가 필요하다. 신사도 운동의 양육 체계를 무교에 적용할 수 있을 것이다. 이를 통해 무교 신자들이 적극적으로 이 세상을 보다 조화롭고 평화롭게 만들어 가는 데 기여할 수 있을 것이다.

---

352) 피터 와그너, 『오늘날의 사도』 130쪽.

3) 신사도 운동의 토착화와
   한국 종교 문화의 비옥화

  지금까지 살펴본 대로, 신사도 운동과 한국의 무교는 체험적인 요소와 일부 세계관에서 공통점이 있으며, 서로가 서로에게 배울 점과 도움을 줄 수 있는 요소들이 있기 때문에, 상호 선교의 가능성과 필요성이 충분하다고 평가할 수 있다. 그러나 이는 주로 에토스와 파토스 측면에서 바라본 결론이기 때문에, 로고스의 영역에서는 추가적인 연구가 더 필요하다. 정서적인 요소에서는 공통점이 충분히 있지만, 교리와 신학의 영역에서는 큰 차이가 있기 때문이다. 오해와 편견으로 무시하거나 배타적인 태도를 보이는 것과 마찬가지로, 일부의 공통점을 확대하여 혼합주의로 진행하는 것도 적당한 태도는 아니다. 상호 선교의 목적은 각자의 고유한 특성을 유지하며, 공동선을 위해서 함께 협력하고 서로에게 배우며 부족한 점을 보완하는 것이지, 통합이나 혼합을 시도하려는 것은 아니기 때문이다.

  한국 무교는 신사도 운동의 네트워크 시스템과 사회적인 관심을 참고하여, 자신들의 한계를 보완하고 발전할 수 있을 것이다. 또한 신사도 운동이 한국에 잘 정착하기 위해서는 한국 종교 문화의 토대인 무교를 깊게 이해할 필요가 있다. 한국인의 종교적 심성을 이해한다면, 신사도 운동의 토착화는 수월하게 이루어질 것이다.

  또한 신사도 운동은 한국 무교와의 상호 선교를 통해서 현대 한국인들의 종교적인 필요를 충족시키고, 한국의 종교 문화를 더욱 풍성하게 만들 수 있을 것이라고 기대한다. 신사도 운동의 강력한 카리스마적 종교 체험은 종교와 멀어진 사람들을 다시 되돌릴 수 있는 좋은 원동력이 될 것이고, 무교의 현대화와 사회적 기여에 도움이 될 것이다.

PART 5

결론

1
요약

1) 한국의 종교 상황과
상호 선교의 필요성

지금 한국에서는 '탈종교화 현상'이 가속화되어 무종교 인구가 종교 인구를 초월했으며, 나이가 어릴수록 종교가 없는 인구 비율이 높아지고 있다. 앞으로 우리나라의 탈종교화 현상은 시간이 지날수록 더욱 급속하게 진행될 것이다. 이런 탈종교화 현상의 원인은 급속히 변해 가는 산업 구조와 도시화, 그리고 사회 구조의 재편성 등으로 인해 과거와는 다른 새로운 것을 종교에게 요구하는데, 각 종교들이 여기에 제대로 부응하지 못했기 때문이다. 또한 각 종교들이 보여주는 부정적인 모습에 대한 실망으로 '반종교 정서'가 확대되었다는 점도 중요한 이유가 될 수 있다.

이런 상황을 맞이하여, 한국의 종교들은 한국인들의 종교적 요구를 충족시키며 사람들의 행복을 위해 봉사하고, 공동선을 위하여 함께 노력하는 등, 한국 사회에 긍정적으로 기여할 수 있는 방법을 고민하지 않으면 안 된다. 앞으로 한국의 종교들은 이웃 종교를 향한 혐오와 배제로 이기적인 생존만을 도모하던 모습을 버리고, 평화 속에 공존하며 진리를 향해 함께 나아가고, 한국의 종교 문화를 더욱 풍성하게 만들려는 자세가 필요하다. 이를 위해서는 자기 종교의 전통과 정체성을 보존하는 동시에, 다른 종교의 훌륭한 가르침과 전통에 자신을 개방할 필요가 있다. 이런 태도를 상호 선교라고 말한다. 상호 선교를 통해 한국의 각 종교들은 서로가 서로에게 배우고, 이 배움을 통해 자신이 종교 진리를 향해 더 깊게 나아갈 수 있으며, 이를 통해 한국의 종교 문화는 더욱 풍성해질 것이다.

2) 한국 무교와 신사도 운동의
   상호 선교의 가능성

이런 맥락에서 한국 무교와 신사도 운동 사이의 상호 선교의 가능성을 모색해 보기 위하여 비교 연구를 했다. 무교에는 정형화된 조직이나 경전이 없기 때문에 유동적이고 포용적인 성향을 가지고 있으며, 정형화된 다른 종교에 비해서 한국인의 독특한 민족성과 그 시대의 종교적 요구를 잘 반영하고 있다. 한국 민간신앙과 무교, 한국인의 종교적 심성은 불가분의 관계이며, 한국 종교 문화의 토대를 이루고 있다. 따라서 무교는 유교, 불교 등 외래 종교가 전래되기 이전부터 우리나라에 존재하여 지금까지 계속 이어지고 있는 한국인의 기층 종교라고 할 수 있다.

각 시대에 따라서 한국의 주류 종교가 교체되기는 했지만, 그 근간을 이루는 것은 여전히 샤머니즘을 바탕으로 하는 무교였다. 불교와 유교 같은 외래 종교가 우리나라에 들어왔을 때, 그 종교들은 한국 고유의 종교인 무교를 불교화 또는 유교화하여 자기 편으로 끌어들인 것이 아니라, 오히려 그 종교들이 샤머니즘화되었다. 이런 현상은 그리스도교에서도 마찬가지였다.

한국 개신교의 예배는 열광적으로 통성기도를 하거나, 힘차고 신나는 찬양을 하면서 '성령 충만'에 들어가기를 추구하는 경향이 있는데, 이는 샤머니즘의 신들림에 익숙한 한국인의 종교적 심성이 반영된 것이라고 볼 수 있다. 또한 기도원에 들어가서 금식기도, 철야기도 등을 하면서 신에게 헌신하면 자신들이 처한 문제들이 해결될 것이라는 희망을 갖는 것도 샤머니즘에서 신령에게 정성을 바쳐서 치병이나 소원 성취를 이루려는 것과 비슷하다.

한국에서 성령 운동이 폭발적으로 성장한 배경에는 한국인의 종교적 심성 안에 있는 무교적인 심성의 영향이 크기 때문이라고 말할 수 있다. 교리적인 부분에서는 구별할 수 있지만, 체험적인 요소는 유사성이 많으며, 무교에 익숙한 한국인 종교적 심성은 이미 성령 운동을 받아들일 준비가 되어 있었다. 따라서 새로운 성령 운동의 추진은 지금의 한국 교회의 위기를 극복하기 위한 좋은 대안 중의 하나가 될 수 있다.

현대 성령 운동의 흐름을 '제1의 물결', '제2의 물결', '제3의 물결' 순으로 구분할 수 있는데, 2000년대에 이르러 본격적으로 활동을 시작하여 현재 전 세계적으로 급격하게 성장하며 많은 영향을 미치고 있는 신사도 운동은 '제3의 물결'에 해당된다. 신사도 운동은 카리스마적 리더십으로 교단 체제의 개혁을 주장하며, 새로운 예배 및 기도회를 시도하고 있다. 신사도 운동에서는 '직통 계시'와 '예언', '각종 성령의 은사', '임파테이션' 등과 같은 강력한 종교 체험이 일어나고 있으며, 이를 바탕으로 영적 전쟁과 중보기도를 활발하게 펼치고 있다.

신사도 운동이 기존 그리스도교 전통과 구별되는 특징은 바로 '사도'를 바라보는 관점에 있다. 따라서 신사도 운동을 설명하기 위해서 먼저 사도에 대한 개념 정리를 했다. 그 결과, 전통적인 교회에서 말하는 사도 계승은 무교의 세습무 전통과 비슷한 성격을 보이는 반면, 신사도 운동에서 말하는 신사도는 강신무와 비슷한 성격을 보인다는 사실을 알게 되었다. 강신무와 세습무가 대립적이며 긴장관계를 유지하고 있으면서도 동시에 상호 보완적이고 협력관계를 맺는 것처럼, 전통 교단과 신사도 운동 역시 상호 보완적인 관계를 맺을 필요가 있다.

신사도 운동이 현대 한국인들에게 설득력이 있을지 알아보기 위해서, 한국갤럽의 조사결과에 나타난 한국인들의 종교의식과 신사도 운동의 세계관을 비교해 보았다. 그 결과, 신사도 운동의 세계관은 서구의 합리적인 세계관보다는 오히려 동양적인 세계관에 더 가까운 경향을 보이며, 특별히 신사도 운동에서 강조하는 주요 특징들은 '초자연적이고 영적인 존재의 인정', '중간계의 영들이 지상에 주는 영향', '여러 가지 기적과 이사'인데, 여전히 많은 한국인들이 이런 요소들을 강하게 믿고 있다는 사실을 알게 되었다. 따라서 신사도 운동은 한국인의 종교적 정서 안으로 쉽게 수용될 수 있으며, 현대 한국인들의 종교적인 욕구를 충족시키고, 한국의 종교 문화를 풍성하게 만드는 데 기여할 수 있을 것이다. 이를 위해 무교와 상호 선교를 하는 것이 도움이 될 것이다.

신사도 운동과 한국의 무교는 체험적인 요소와 일부 세계관에서 공통점이 있으며, 서로가 서로에게 배울 점과 도움을 줄 수 있는 요소들이 있기 때문에 상호 선교의 가능성과 필요성이 충분하다. 그러나 이는 주로 에토스와 파토스 측면에서 바라본 결론이기 때문에, 로고스의 영역에서는 추가적인 연구가 더 필요하다. 정서적인 요소에서는 공통점이 충분히 있지만, 교리와 신학의 영역에서는 큰 차이가 있기 때문이다.

2
한계 및 추후 연구과제

    이렇게 한국 무교와 신사도 운동의 비교 연구를 통하여 상호 선교의 가능성을 탐색해 보았다. 지금까지 살펴본 대로 한국 무교와 신사도 운동의 상호 선교의 가능성은 충분하다. 또한 서로가 서로에게 긍정적인 영향을 미칠 수 있다. 그러나 이것은 어디까지나 이론적인 측면이라는 한계가 있다. 현장에서 만나는 종교는 연구실 책상에서 만나는 종교와는 다르기 때문이다.

    신사도 운동은 그리스도교 중심주의이며, 이웃 종교에 대해서 철저하게 배타적인 입장을 보인다. 이들은 한국 무교에 대해 관심을 갖고 접근하기보다는 전투적이고 정복적인 태도를 보이며, '땅 밟기'와 '영적 전쟁'을 통해서 이를 말살하려는 시도를 하고 있다. 이들에게 한국인의 전통 종교들과의 상호 선교를 제시하는 것은 마이동풍馬耳東風에 불과할 수 있다.

    마찬가지로, 한국 무교는 하나의 교단을 형성하지 못하고 있으며, 무당들이 뭉칠 수 있는 응집력이나 이들을 이끌어 갈 지도력이 부재한 상황이다. 많은 경우 이들은 이론적인 관심보다는 체험적이고 경험적인 요소에 의지하는 경향이 있기 때문에, 신사도 운동을 비롯하여 이웃 종교와의 대화나 상호 선교에 대한 부분을 이끌어 갈 사람이 부족하다는 한계가 있다.

이 연구가 실질적인 효과를 보기 위해서는, 신사도 운동과 한국 무교 사이에서 가교 역할을 할 수 있는 전문가가 필요하다. 이 연구가 연구실에서 가능성을 모색했다면, 추후 연구는 현장에서 실질적으로 활동하면서 이 연구에 대한 검증과 보완으로 지속하려고 한다.

연구자의 종교적 배경을 완전히 극복하지 못했기 때문에, 이 연구는 그리스도교의 입장에서 한국의 무교를 바라본 측면이 강하다는 한계가 있다. 추후 연구에서는 무교의 관점에서 바라본 그리스도교 부분을 더 보강하고, 그리스도교와의 상호 선교가 무교에게 어떤 도움이 될지 추가적으로 연구하겠다. 무교와의 대화 및 상호 선교를 통해서 그리스도교가 '한국화'되는 데 도움을 얻을 수 있다면, 그리스도교와의 대화와 상호 선교를 통해서 무교의 '현대화'에 도움을 얻을 수 있을 것이라고 기대한다. 추후 연구에서는 '무교의 현대화'에 관련된 최근 연구 동향을 분석하고, 구체적으로 연구를 진행해 보려고 한다.

참 / 고 / 문 / 헌

1. 성서 및 교회 문헌

『공동번역 성서』

『교회의 선교 사명』

『교회의 선교 활동에 관한 교령』

『주님의 사도들』

『현대의 복음선교』

『현대의 사제 양성』

2. 국내 단행본 및 전집

국사편찬위원회, 『한국사』 1권, 서울: 탐구당, 2003.

김성민, 『융의 심리학과 종교』, 파주: 동명사, 1998.

김용섭, 『동아시아 역사 속의 한국 문명의 전환』, 파주: 지식산업사, 2008.

김웅태, 『종교의 현대적 적응』, 서울: 가톨릭대학교, 2001.

김종서, 『서양인의 한국 종교 연구』, 서울: 서울대학교출판부, 2006.

김태곤, 『한국의 무속』, 서울: 대원사, 1991.

김희영, 『풍속조사 자료를 통해 본 무라야마 지준의 조선 인식』, 서울: 민속원, 2014.

박도식, 『천주교와 개신교』, 서울: 가톨릭출판사, 1996: 개정판.

박일영, 『한국 무교의 이해』, 왜관: 분도출판사, 1999.

_____, 『한국 무교와 그리스도교』, 왜관: 분도출판사, 2003.

_____, 『한국의 종교와 현대의 선교』, 서울: 가톨릭출판사, 2008.

박순영, 『지는 해가 아름다운 곳』, 서울: 신앙과지성사, 2015.

박호종, 『기도의 집을 세우라』, 서울: 규장, 2017.

우창준, 『한국인의 의식구조와 복음 전도』, 서울: 자은, 2007.

윤승용, 『현대 한국 종교 문화의 이해』, 서울: 한울아카데미, 1997.

윤이흠 외, 『한국인의 종교관 - 한국 정신의 맥락과 내용』, 서울: 서울대학교 출판부, 2001.

이경엽, 『씻김굿』, 서울: 민속원, 2009.

이경원, 『한국의 종교 사상 - 궁극적 실재의 제 문제』, 서울: 문사철, 2011.

이부영, 『한국의 샤머니즘과 분석심리학』, 파주: 한길사, 2012.

이승구, 『교회란 무엇인가?』, 서울: 나눔과 섬김, 2010.

이영훈, 『성령과 교회』, 서울: 교회 성장연구소, 2013.

이원규, 『종교의 세속화』, 서울: 대한기독교출판사, 1987.

이정기, 『존재의 바다에 던진 그물 - 실존/영성/치유』, 부천: 실존, 2012.

장남혁, 『교회 속의 샤머니즘』, 서울: 집문당, 2007.

정이철, 『신사도 운동에 빠진 교회: 한국 교회 속의 뒤틀린 성령 운동』, 서울: 새물결플러스, 2012.

정재영, 『교회 안 나가는 그리스도인』, 서울: IVP, 2015.

정태영·김은령, 『신부님과 목사님』, 서울: 양서각, 1986.

조정호, 『무속 현지조사 방법과 연구사례』, 서울: 민속원, 2002.

조흥윤, 『한국의 샤머니즘』, 서울: 서울대학교출판부, 1999.

_____, 『韓民族의 起源과 샤머니즘』, 파주: 한국학술정보, 2003.

최길성,『韓國巫俗誌』, 성남: 아세아문화사, 1992.

최준식,『한국 종교 이야기』, 서울: 한울, 1995.

_____,『한국의 종교, 문화로 읽는다 1』, 파주: 사계절, 2006: 2판.

_____,『한국의 종교, 문화로 읽는다 2』, 파주: 사계절, 2005: 2판.

최현종,『오늘의 사회, 오늘의 종교』, 서울: 다산출판사, 2017.

한국갤럽조사연구소,『한국인의 종교 1984-2014』, 서울: 한국갤럽, 2015.

한국역사연구회,『한국 역사 속의 전쟁』, 서울: 청년사, 1997.

황필호,『종교변호학·종교학·종교철학』, 서울: 철학과현실사, 2004.

현대종교 편집국,『신사도 운동 바로 알기』, 서울: 월간 현대종교, 2016.

3. 번역서

Baker, Don, *Korean Spirituallity*, 박소정 역,『한국인의 영성』, 서울: 모시는 사람들, 2012.

Bosch, David J., *Transforming Mission*, 김병길·장훈태 공역,『변화하고 있는 선교』, 서울: 그리스도교문서선교회, 2000.

de La Blache, P. Vidal, *Geographie humaine*, 최운식 역,『인문지리학의 원리』, 서울: 교학연구사, 2002.

Eliade, Mircea, *Das Heilge und das Profane*, 이은봉 역,『성과 속』, 파주: 한길사, 1998.

Friedli, Richard, *Mission oder Demission*, 박일영 역,『현대의 선교』, 서울: 성바오로, 1989.

Finney, John Thornley, *Emerging Evangelism*, 한화룡 역,『새로운 전도가 온다』, 서울: 비아, 2014.

Hanegraaff, Hank, *Counterfeit Revival*, 이선숙 역,『빈야드와 신사도의 가짜 부흥 운동』, 서울: 부흥과개혁사, 2009.

Harari, Yuval Noah, *Homo Deus: A Brief History of Tomorrow*, 김명주 역,『호모 데우스』, 파주: 김영사, 2017.

Joyner, Rick, *The Fire That Could Not Die*, 정한출 역,『꺼지지 않는 성령의 불 - 아주사 스트리트 부흥 운동 이야기』, 서울: 은혜출판사, 2007.

Küng, Hans, *Die Kirche*, 정지련 역,『교회』, 서울: 한들, 2007.

Lohfink, Gerhard, *Wie Hat Jesus Gemeinde Gewollt?*, 정한교 역,『예수는 어떤 공동체를 원했나』, 왜관: 분도출판사, 1996:신정판.

Panikkar, Raimundo, *The Intrareligious Dialouge*, 김승철 역,『종교 간의 대화』, 서울: 서광사, 1992.

Perrot, Charles, *Apres Jesus. Le ministère chez les premiers chré-tiens*, 백운철 역,『예수 이후 - 초대교회의 직무』, 서울: 가톨릭출판사, 2002.

Smart, Ninian, *Worldwiews*, 김윤성 역,『종교와 세계관』, 서울: 이학사, 2000.

Harris, Sam, *The End of Faith*, 김원옥 역,『종교의 종말』, 서울: 한언, 2005.

Wagner, C. Peter, *Wind of the Third*, 정운교 역,『제3의 바람』, 서울: 하늘기획, 1990.

_____, *Breaking Strongholds in your city*, 홍용표 역,『지역사회에서 마귀의 진을 헐라』, 서울: 서로사랑, 1997.

_____, *Churches that Pray*, 홍용표 역,『기도하는 교회들만이 성장한다』, 서울: 서로사랑, 1997.

_____, *Confronting the Powers*, 홍용표 역,『영적 전투를 통한 교회성장』, 서울: 서로사랑, 1997.

_____, *Praying with Power*, 홍용표 역,『능력으로 기도하라』, 서울: 서로사랑, 1997.

_____, *Warfare Pray*, 홍용표 역, 『기도는 전투다』, 서울: 서로사랑, 1997.

_____, *Freedom from the Religious Spirit*, 김도현 역, 『종교의 영으로부터의 자유』, 의왕: WLI Korea, 2005.

_____, *The Apostolic Ministry*, 곽정남 역, 『사도적 사역』, 서울: 순전한 나드, 2005.

_____, *Changing Church*, 김영우 역, 『신사도적 교회로의 변화』, 서울: 쉐키나, 2006.

_____, *Churchquake*, 방원선·권태진 역, 『교회의 지각변동』, 의왕: WLI Korea, 2007.

_____, *Apostles & Prophes: The Foundation of the Church*, 임수산 역, 『사도와 선지자』, 서울: 쉐키나, 2008.

_____, *Apostles Today*, 박선규 역, 『오늘날의 사도』, 서울: 쉐키나, 2008.

_____, *Dominion*, 서종대 역, 『Dominion』, 의왕: WLI Korea, 2008.

_____, *This Change Everything*, 진현우 역, 『변화를 위한 지침서』, 의왕 WLI Korea, 2014.

4. 국내 단행본 안의 논문

강성영, 「한국 근현대사 속의 개신교의 자기성찰과 개혁의 과제」, 한신대학교 신학연구소, 『한국 개신교와 한국 근현대의 사회·문화적 변동』, 서울: 한울아카데미, 2003.

김성례, 「무당은 어떤 사람들인가?」, 김승혜·김성례, 『그리스도교와 무교』, 서울: 바오로딸, 1998.

김영수, 「한국 가톨릭에 수용된 민간신앙적 요소」, 한국민속학회, 『민간 신앙1』, 서울: 민속원, 2008.

김원쟁, 「한국인의 종교적 심성과 선교」, 이계준 엮음, 『현대선교신학』, 서울: 전망사, 1992.

김태곤, 「한국 샤머니즘의 정의」, 김열규 외, 『한국의 무속문화』, 서울: 박이정, 1998.

박문수, 「한국 천주교회의 경쟁력과 선교·사목적 과제」, 김재득 외, 『천주교와 한국 근·현대의 사회문화적 변동』, 서울: 가톨릭출판사, 2004.

박영대, 「한국 천주교회 성장의 빛과 그늘」, 이찬수 외, 『한국 종교를 컨설팅하다』, 서울: 모시는 사람들, 2010.

박일영, 「한국 가톨릭에 대한 일반인의 종교적 인식」, 김재득 외, 『천주교와 한국 근·현대의 사회문화적 변동』, 서울: 가톨릭출판사, 2004.

박전열, 「동제에 있어서 걸립의 문제」, 한국민속학회, 『민간신앙 1』, 서울: 민속원, 2008.

윤승용, 「한국 종교, 30년간의 변화와 종교사적 과제」, 한국 종교 문화연구소, 『종교 문화비평』 27권, 파주: 청년사, 2015.

이경엽, 「호남의 당골 제도와 세습무게 활동」, 한국민속학회 엮음, 『무속신앙』, 서울: 민속원, 2008.

이복규, 「한국 개신교의 특이 현상들과 민간신앙과의 상관성」, 한국민속학회, 『민간신앙 2』, 서울: 민속원, 2008.

이찬수, 「그리스도론과 종교 간 대화론」, 西江大學校 宗敎神學硏究所, 『宗敎神學硏究』 10집, 왜관: 분도출판사, 1997.

_____, 「문화-신학 간 대화의 선적 구조」, 한국문화신학회, 『한국 종교와 문화신학』, 서울: 한들, 1998.

_____, 「종교들을 비교한다는 것」, 한국문화신학회, 『갈등 화해 축제와

文화신학』, 서울: 한들, 2003.

_____, 「근본적 근본주의를 향하여」, 이찬수 외, 『종교 근본주의 비판과 대안』, 서울: 모시는사람들, 2011.

최준식, 「한국 종교, 어디까지 왔나?」, 이찬수 외, 『한국 종교를 컨설팅하다』, 서울: 모시는사람들, 2010.

5. 정기간행물 논문 및 학위 논문

구춘서, 「오순절 성령 운동의 발전과 한국 교회의 미래」, 『영산신학저널』 26권, 한세대학교 영산신학연구소, 2012.

김강년, 「한국인의 호국정신과 국난 극복」, 『민족사상』 5, 한국민족사상학회, 2011.

김광열, 「21세기 성령 운동 연구: '제3의 물결'에 대한 개혁신학의 평가」, 『개혁논총』 17, 개혁신학회, 2011.

김동규, 「현대 무속 세계의 설득구조: '운세'와 '신령'의 결합」, 『한국학연구』 61, 고려대학교 한국학연구소, 2017.

김성건, 「신자유주의 세계화 시대 성령 운동의 영성과 해방신학」, 『한국사회학회 사회학대회 논문집』, 한국사회학회, 2008

김웅태, 「그리스도교 토착화의 여러 분야와 원리들」, 『가톨릭신학과사상』 28, 신학과사상학회, 1999.

김효석, 「1983년 법전에 나타난 사도직」, 『가톨릭 신학과 사상』 65, 신학과사상학회, 2010.

류대영, 「국내 발간 영문 잡지를 통해서 본 서구인의 한국 종교 이해」, 『한국 기독교와 역사』 26, 한국기독교역사연구소, 2007.

문종원, 「성령쇄신 운동의 관점에서 본 성령」, 『가톨릭신학과사상』 49, 신학과사상학회, 2004.

박일준, 「무신론 시대의 종교성」, 『종교연구』 제70집, 한국종교학회, 2013.

박일영, 「무속과 그리스도교의 교류」, 『종교연구』 8, 한국종교학회, 1992.

_____, 「무교적 관점에서 본 그리스도교」, 『가톨릭 신학과 사상』 14, 신학과 사상학회, 1995.

_____, 「가톨릭과 巫敎의 相互宣敎」, 『신학전망』 115, 광주가톨릭대학교 신학연구소, 1996.

_____, 무교적 심성과 가톨릭의 '한국화', 『경향잡지』 89, 한국 천주교중앙협의회, 1997.

_____, 「종교와 종교성」, 『인간연구』 3, 가톨릭대학교 인간학연구소, 2002.

_____, 「한국 근현대 사회변동에 따른 천주교회의 모색과 적응」, 『원불교 사상과 종교 문화』 52, 원광대학교 원불교사상연구원, 2012.

배덕만, 「신사도 개혁 운동, 너는 누구니?」, 『성결교회와 신학』 29, 현대기독교 역사연구소, 2013.

_____, 「오순절 운동의 어제, 오늘, 그리고 내일」, 『영산신학저널』 29. 한세대 학교 영산신학연구소, 2013.

백운철, 「한국 교회의 사제 양성 - 사제 직무와 양성에 관한 신약성경과 교회의 가르침의 한국적 적용」, 『가톨릭신학과사상』 75, 신학과 사상학회, 2015.

서정하, 「종교 조직에서의 리더십과 조직 몰입 - 한국 개신교 교회 조직을 중심으로」, 『한국기독교신학논총』 49, 한국기독교학회, 2007.

신재식, 「한국 개신교의 현재와 미래」, 『종교연구』 제68집, 한국종교학회, 2012.

양현표, 「개혁주의 관점에서 본 신사도 개혁 운동」, 『개혁논총』 30권, 개혁신학회, 2014.

오태순, 「한국 가톨릭 성령 운동의 역사와 결실」, 『사목정보』 2(2), 미래사목연구소, 2009.

이승훈, 「최근의 개신교 신흥종교 현상과 가톨릭교회」, 『기독교사상 647, 대한 기독교서회, 2012.

이영훈, 「오순절 운동이 한국 교회에 미친 영향」, 『오순절신학논단』 1, 한국오순절 신학회, 1998.

이원규, 「광신적 신흥종교의 허와 실」, 『기독교사상』 41, 대한기독교서회, 1997.

이진구, 「샤머니즘을 보는 개신교의 시선」, 『기독교사상』 698, 대한기독교서회, 2017.

이찬수, 「타종교의 신학」, 『신학사상』 93, 한국신학연구소, 1996.

_____, 「한국 그리스도교 연구, 얼마나 한국적인가?」, 『종교연구』 21, 한국 종교학회, 2000.

이창승, 「오순절주의의 정체성: 성령침례에 결합된 방언과 그 의미」, 『오순절 신학논단』 8권, 한국오순절신학과, 2010.

정영훈, 「한민족의 정체성과 단군민족주의」, 『민족문화논총』 55권, 영남대학교 민족문화연구소, 2013.

정일웅, 「빈야드 운동과 빈야드 예배문화의 비판적 성찰」, 『신학지남』 247호, 신학지남사, 1996.

정재영, 「신흥종교에 대한 사회학적 의미와 진단」, 『기독교사상』 647, 2012.

조현범, 「한국 천주교의 현재와 미래」, 『종교연구』 68, 한국종교학회, 2012.

차옥승, 「한국인의 종교 심성」, 『신학전망』 155, 광주가톨릭대학교 신학연구소, 2006.

최윤배, 「개혁신학의 관점에서 본 신사도 운동의 영성」, 『한국조직신학논총』 38집, 2014.

최태영, 「피터 와그너의 신사도 개혁 운동에 대한 비판적 고찰」, 『신학과 목회』40, 영남신학대학교, 2013.

현요한, 「한국 토착화 신학에 있어서 혼합주의의 문제」, 『장신논단』 13, 장로회 신학대학교 기독교사상과 문화연구원, 1997.

홍태한, 「강신무 굿판의 공수의 의미와 기능」, 『남도민속연구』 21, 남도민속학회, 2010.

6. 사전류

Trenchard, Warren C., *The Student's Complete Vocabulary Guide to the Greek New testament*, 장동수 역, 『신약성서 헬라어 어휘사전』, 서울: 은성, 1999.

백민관, 『가톨릭에 관한 모든 것 백과사전 2』, 서울: 가톨릭대학교출판부, 2007.

안병철, 『신약성경용어사전』, 서울: 가톨릭대학교출판부, 2008.

7. 인터넷 자료

박문수, 〈2015년 인구주택 총조사 표본집계(종교 편) 결과 분석 2〉, 《가톨릭뉴스, 지금 여기》, 2016년 12월 30일. http://www.catholic-news.co.kr/news/articleView.html?idxno=17371

이길우, 〈무속인들, 무교의 날 '무무절' 선포…민족 종교 인정 요구〉, 《한겨레신문》, 2017년 9월 30일. http://www.hani.co.kr/arti/society/religious/813212.html#csidxf697bc0839745239a6811c51891e5f1

이성수 외, 〈종교 설 자리 더 이상 없나, 위기를 기회로〉, 《불교신문》 32

63호, 2017년 1월 7일. http://www.ibulgyo.com/news/artic
leView.html?idxno=154498

정지용, 〈기독교 원로목사 "류여해 무당인가 했다… 최고위원 아닌 최저
위원"〉, 《국민일보》, 2017년 11월 20일. http://news.kmib.co.kr/
article/view.asp?arcid=0011918123&code=61111111&cp=nv

통계청 홈페이지, 〈2015 인구주택 총조사 표본집계 결과(인구, 가구, 주택 기
본특성항목) 보도자료〉, 2016년 12월 19일. http://kostat.go.kr/
portal/korea/kor_nw/2/9/1/index.board?bmode=read&
aSeq=358170